中公クラシックス W41

ライプニッツ

モナドロジー
形而上学叙説

清水富雄
竹田篤司 訳
飯塚勝久

中央公論新社

目次

来たるべき時代の設計者

下村寅太郎

I 「バロック」の哲学者

一九六六年十一月の末、ライプニッツ二百五十年忌を記念する学会の催されたハンノーファーを発って、アムステルダムに向かう。小雨の降る、昏《くら》い北欧の空に機上の人となる。ハンノーファーはライプニッツが生涯の大部分をおくった土地である。たぶんふたたび訪れる機会のないこのゆかりの地の印象を、想いを深くして反芻する。

前夜は、ヘレンハウゼンの壮麗なガレリーゲボイデ（城館）で、学会を閉じる祝典が催された。はげしい風雨の夜であったが、盛装した紳士淑女が堂に満ちた。ニーダーザクセン州首相の堂々たる告辞、ボン大学のマルティン教授の記念講演、それからこの記念学会のために作曲、初演された「ライプニッツ・カンタータ」（H・スーテルマイスター）、清楚な白衣の少女たちによって合唱されたその“Omnia ad Unum”（万物ヲ一ヘ）の美しい荘重なメロディがもう一度よみがえってくる。雲の中でおのずと回想は、この哲学者との出会いにさかのぼってゆく。

「普遍数学」の魅惑

ライプニッツについての小著が自分の処女作であった。それからいつの間にか三十年が経過した。あの時ライプニッツの何がひきつけたのか。「純粋数学」の存在に魅惑されていた青年には、若きライプニッツの壮大な夢が——いっさいの学問を数学に還元しようとする「普遍数学」の理念が、呪縛となった——この夢の実現には際限なき抵抗が蔵されていることをも想わずに。この天才の無限の精進と努力にもかかわらず挫折と未完結・未完成に終わったことにも、「英雄的」な生涯としてかえって悲壮美を感じた。青年のロマンティシズムというほかない。

しかし、その無数の著作のどこにも絶望や断念の気分が感じられなかった。その力強いオプティミズムと理想主義は大いなる鼓舞であった。そうして、この東西古今に絶する広大な学識と無尽蔵の創見を蔵した哲学者が「主著」を成さず、最後の総括、あるいは「遺書」ともいうべき『モナドロジー』が二、三十枚の小篇であったことにも、彗星が無限の虚空の闇の中へ尾をひいて消えてゆくような感銘があった。これを書いたとき、われわれの哲学者は、四十年間奉仕した宮廷から見捨てられ、まったき不遇と孤独のうちにあったが、――

「善い人々とは、この偉大な国にあって、不平や不満をいだかない人である。自分の義務を果たしたうえは、神の摂理に信頼している人である。あらゆる善の創造者を、こよなく愛し、かつ模倣している人である。愛する者の幸福に喜びを感じる、あの真に純粋な愛の本性にしたがって、神のもつさまざまな完全性をうち眺め、心たのしませている人である」

という言葉でその遺書を結んでいる。いささかの憂鬱も翳りもない明朗なオプティミズムは、堂々たる哲人の風貌というほかなかった。

バロック――いびつな真珠

哲学者ライプニッツの生きた十七世紀は、「天才の世紀」である。フランスではデカルト、マルブランシュ、イギリスではロック、ホッブズ、そしてオランダではスピノザのごとく、いずれも個性豊かな体系的思想家の輩出した近世の哲学史中、もっとも絢爛たる時代である。十五、十六世紀が「学芸復興の世紀」、十八世紀が「理性の世紀」と呼ばれ、それぞれの世紀の性格を示す名称があったが、十七世紀は長くこのような名称を欠いていた。ホワイトヘッドがはじめて「天才の世紀」と命名した。

ルネサンスの世紀はイタリアを中心にして、芸術家とくに造型芸術家が主役であり、指導者であった。しかし、哲学に関してはむしろ貧困な時代であった。十七世紀になると舞台はアルプスの北に移り、哲学者、科学者が主役となる。しかしこの時代は、生を謳歌したルネサンスに対して、良心を問題にする宗教改革、これに抗する反動宗教改革の暴風が全ヨーロッパに吹き荒れた動乱時代である。「バロック」の時代である。

バロックは「いびつな真珠」を語源とするように、ルネサンスの古典的な調和静謐に対する激動、氾濫を特色としている。学問、宗教、道徳、芸術のあらゆる領域において、激烈な対立、論争が火花を散らした。これを通してあるいはその結果として、学問は哲学も科学も、はじめて真に近世的性格のものとなる。古代・中世の哲学に対して新しい近世を自覚した哲学が、ここではじめて成立する。

これはヨーロッパの一般的・歴史社会的状況にも対応する。「近世ヨーロッパ」は十七世紀において確立する。

全ヨーロッパが「一人の教皇と一人の皇帝」によって宗教的ならびに政治的に組織され支配されて、一つの統一的なヨーロッパ的世界を形成したことが、中世ヨーロッパの特色であった。これが全面的に解体、崩壊したのは十七世紀である。中世では、「ヨーロッパ」という言葉は存在したがほとんど用いられず、「キリスト教圏」の語が一般に用いられた。しかし、いまや「カトリック教会」はもはや字義どおりの「普遍教会」ではなくなり、プロテスタント教会がこれに対立し、分離し独立する。プロテスタント教会自身の中にも、さらにさまざまの分裂を生む。政治的には、全ヨーロッパを統一していた「神聖ローマ帝国」は単に名目的なものと化し、独立の諸国民国家に分裂する。

思想的領域においても、中世の統一的単一的な学問であった「スコラ学」に対して「新哲学」が成立する。中世のスコラ学はラテン語を唯一の共通の用語としていたが、いまや個別的世俗的な諸国語で著作される。中世では、思想の源泉はもっぱら聖書、教父の伝承、プラトン、アリストテレスに制限されていたが、いまや自己自身の経験と自由な思惟がよりどころとなる。思想の世俗化、多様化、個性化がその特色となる。十六世紀はいまだ模索的な過渡期であったが、転換が確立し、確信をもった積極的に新しい思想体系が建設されるのは、この十七世紀である。いずれもきわめて個性的であることを特色とする。

新しい「方法」の探究へ

この時代の思想家たちはいずれも、伝統的な学問に対する反省、懐疑、批判から出発する。古い体系を破壊し地ならしをすることが、第一の仕事であった。そのうえで新しい建設の方法が探究された。しかし、新しい建設は破壊以上に困難であった。中世の学問は「与えられた」真理——啓示された真理を論証することであったが、いまや未知の真理の「発見」が課題となる。十七世紀の哲学者はひとしく発見の方法の探究から出発する。この時代の哲学書はいずれもこれを標題としている。フランシス・ベーコンは『新機関』と名づけ、デカルトはそれを『方法序説』と呼ぶ。

しかし、スピノザ、ライプニッツになると、この段階をこえて「体系」の建設に進む。知識は権威や伝承によって与えられるのではなく人間自身の経験と知性によって発見すべきものとなると、これを確実にするために人間自身の認識能力の反省、吟味から再出発せねばならぬ。方法の探究とともに認識論が根本問題となる。それゆえ、ロックは『人間悟性論』を、バークリーは『人間的知識の原理』を、スピノザも『知性改善論』を、ライプニッツも『人間悟性新論』を書いた。やがてヒュームは、ラディカルな『人間の本性論』『人間悟性論』を書いて、伝統的な形而上学の転覆を企図し、カントは全認識論の決算をしてこれを回復する『純粋理性批判』を書く。

十七世紀につづく十八世紀は、「理性の世紀 Age of Reason」とか「哲学者の世紀」とか呼ばれるが、これは哲学が普及し通俗化し、「学校の哲学」や「学者の哲学」から広く「市民の哲学」になったことを示すもので、体系的な思想家に乏しく、深く沈潜した思索よりもジャーナリスティックな社会批評が中心になる。

体系的な哲学というのは、究極的な根本原理を探究して、この原理によって人間および世界のいっさいの真理を組織統一しようとする「英雄的」な哲学のことであって、古典的哲学の伝統である。その意味では、十七世紀はまさしく近世の古典的哲学の黄金時代であった。そのうちでもとくに、スピノザとライプニッツはもっとも体系的な思想家であった。その意味で十七世紀の代表的典型的な哲学者ということができるであろう。

十七世紀の思想を特色づける名称がなかったのは、事件や性格に乏しかったからではなく、むしろ逆に、対立、多様、激動に満ち、単純に特色づけることが困難であったのによる。哲学思想に直接かかわりをもつ宗教改革運動にかぎっても、本来は復古にあったが、結果としては近代化となり、古いカトリック教会は衰亡するよりもかえって新しく活力をよみがえらせ、新しいプロテスタントに対抗して攻勢に転じた。「反動宗教改革」は単に消極的な反動ではない。

統一は容易に回復されない。全ヨーロッパは根本的に相対立する陣営に分裂し、長期にわたる宗教戦争、はげしい神学論争の、激動、動乱の渦中におちいった。政治経済ほか、いっさいの社会的状況もこれに関連し、全ヨーロッパ的危機の観を呈した。しかしヨーロッパの精神は、この激動をとおして活気をとりもどした。思想はもとより政治、経済、芸術のあらゆる領域において、宗教があらためて重要な契機となり、芸術にまで宗教の統制がおよぶことになった。これは、カトリックにおいてもプロテスタントにおいても異なるところはない。一般に宗教的対立に中立的な態度は、無信仰と目された。

この時代の性格は——芸術においてもっとも顕著であるが——ルネサンスの古典的な均斉、調和、静謐、統一性は破れ、それと正反対の、強烈多様な色彩、発散し横溢する力学的な構図、戦闘的激情的なムードを特色とする。レオナルド・ダ・ヴィンチやラファエロとルーベンスやレンブラントとを対比すると、「ルネサンス」にたいする「バロック」の対照は明瞭であろう。スピノザもライプニッツも、しばしばバロックの哲学者と呼ばれる。レンブラントとスピノザは、同時代に同じオランダのアムステルダムに住んだ。

II　生涯と実践 (一)

スピノザとライプニッツ

スピノザの生涯は、世俗的な生活を捨離した、もっぱら禁欲的な孤独な書斎裡の修道士のような一生であった。著作も『エティカ』一巻に全生涯と全思索を傾注し凝結させた。それに対し、ライプニッツは生涯を通じてほとんどあらゆる方面の実際的世間的活動に没入し、大小の旅行を行ない、あらゆる人々と交渉をもった。しかもこの間にあらゆる領域の学問に関心を抱き、それぞれの学問の専門家として貢献をなし得た、全哲学史を通じて最大の博学博識の思想家であった。その行動も思索も著作も常に発散的で完結的でなく、スピノザの統一的集中とは反対に、ライプニッツはもっぱら多元的、発散的、流動的で、真に「バロックの哲学者」の名にふさわしい。空前絶後の博識にかかわらず、完結的な哲学上の主著と称し得るものは、一小冊子《さっし》の『モナドロジー』一篇だけである。それ以外のものは特殊な二、三の著作のほかはほとんどすべて、断片的な「機会の書」である。ライプニッツの思想は、その志向は、この多元的、発散的、流動的なものの中に、多様そのものの中に、「調和」をもとめることにあったように見える。ライプニッツは自己の哲学をみずから「調和の体系」と名づけた。

われわれの哲学者ゴットフリート・ヴィルヘルム・ライプニッツ Gottfried Wihelm Leibniz は、一六四六年七月一日、ライプツィヒで生まれた。ヨーロッパの最後にして最大の宗教戦争であった三十年戦争の終結二年前である。ライプニッツという名前はスラヴ系ないしポーランド系のように思われるが、純粋にドイツ系の家族であるというのが現在の定説である。

天才児

父はこの地の大学の法学・倫理学の教授で、ライプニッツが生まれた時、五十歳代であった。母はその三人目の妻であった。妹が一人いた。六歳のとき父を喪った。最初、ライプツィヒのニコライ学校で教育を受けたが、早くから非凡な天才を発揮し、独学独習の傾向があった。八歳のとき、リウウィウスのラテン文を、挿絵を本文と対照させて、あたかも暗号解読のように読みこなした。十三歳のとき、学校で学んだアリストテレスの論理学が強烈な興味をよびおこした。すでに十四歳のとき、アリストテレスの十個の範疇論を拡張した「思想のアルファベット」の最初のアイディアが生まれた。

父の書斎で、ヘロドトス、クセノポン、プラトンやキケロー、セネカのごときギリシア・ラテンの作品、さらに教父たちの著作を独学した。スコラ哲学、さらにスペインの新スコラ学者スアレスを読み、また、ルター、エラスムスの新しい神学論文、さらには後のプロテスタント・カトリック双方の神学論争文献まで渉猟した。一六六一年、十五歳でライプツィヒの大学にはいり、将来の方針に沿って法律学を学んだ。ヤーコプ・トマジウスをもっともすぐれた師として尊敬した。これまでもっぱら古代哲学とスコラ哲学を勉強したが、コペルニクス、ケプラー、ガリレイの新興の科学、ベーコン、デカルトの新哲学の研究に向かった。

後年、ライプニッツは回想して、「十七歳のとき（「十六歳のとき」と言っているのは記憶ちがい）ライプツィヒの近くのローゼンタールの森をひとりで散歩しながら、スコラ学者たちのアリストテレス的実体形相と目的因の説を守るか、新しい哲学者たちの機械論をとるべきかの思いにふけり、最後に機械論が勝ちを制し、数学的科学を研究することになった」と記している。そのために一学期間イエナに行き、数学者エアハルト・ヴァイゲルを聴講し、深い影響を受けた。

トマジウスのもとで処女論文「個体の原理について」（一六六三）によってバカラウレウスの学位を得た。いまだスコラ哲学的内容のものであるが、このテーマは全生涯をつらぬくものとなった。法学博士の学位を取得しようとしたが、年長者に授けるために、若すぎるとしてしりぞけられた。ライプツィヒを去ってニュルンベルクに属する小さなアルトドルフ大学に移り、優秀な成績でドクトルの学位を獲得した（一六六七年）。二十一歳である。

教授職への誘いを受けたが、辞退した。生涯を通じて、大学教授の地位に関心をもたなかった。静かな学者の生活よりは広い世界に出て活動することを意欲した。「生まれ故郷に釘づけされたように執着するのは青年にふさわしくないと思い、世間を学び知ることを欲し」、故郷を去って旅に出た。まずニュルンベルクに行き、ここでローゼンクロイツァー（薔薇十字）という錬金術協会に加わった。錬金術には長く関心を抱いていた。

公共的活動の場へ

しかし、ここでライプニッツの生涯を決定する知己に会った。ヨハン・クリスティアン・フォン・ボイネブルクとの出会いである。これによって、大きな世界での活動に途が開かれることになる。ボイネブルクは、元マインツ選挙侯の宰相で、自己の確信によってプロテスタントからカトリックに復帰した、寛容で高い教養をもった政治家である。かねてドイツの災厄となっていたプロテスタントとカトリックの分裂の再統一を熱望する人であった。

彼は二十二歳の若き法学者ライプニッツの学識と俊敏な才能を認め、旧主・選挙侯ヨハン・フィリップ・フォン・シェーンボルンに推挙した。一六六七年の秋、彼とともにマインツに行き、選挙侯の宮廷に仕えることになった。神学と政治に関わる仕事が彼の任務であった。ここにライプニッツの公共的活動がはじまる。爾後これが彼のほとんど全生活をつらぬくものとなる。

ここで、ライプニッツの活動舞台となった当時の歴史的社会的状況を一瞥しておこう。

ライプニッツの歴史的環境

三十年戦争の幕を閉じたウェストファリア和議は、カトリックとプロテスタントとの大闘争になんらの終結をもたらさなかった。双方ともに勝利者でなく、キリスト教は分裂したままであった。ドイツ自身は三十年の戦争によって、精神的にも物質的にも荒廃した。もはや政治的強国ではなくなった。それに対し、身分の「自由」によってドイツ皇帝の集権的権力は失われ、オーストリア、プロイセンのごとき個々の国家や、ブラウンシュヴァイク゠リューネブルク（これは後にライプニッツの仕えるところである）のごとき小国が発展することになる。いわば世襲的家族権力にもとづく閣僚政治の時代になる。

ドイツは地に伏し、オーストリアはトルコとハンガリーに阻止されているのに反し、フランスはリシュリューとマザランのもとに、さらにルイ十四世によって国内を統一し興隆に向かい、政治的にも精神的にもドイツを圧迫する態勢にあった。フランスはまさに黄金時代である。「太陽王」の絶対主義は、芸術と学問の満開によって飾られている――コルネイユ、ラシーヌ、モリエール、ボアロー、ボシュエ、マルブランシュ。ドイツの諸宮廷はフランス式の絶対主義と豪華を模倣しようとし、ドイツの精神生活も、宗教的闘争と戦争の苦悩に打ちひしがれて、むなしくフランスの影響に身をゆだねている。わずかにグリンメルスハウゼンの「ジンプリチシムス」のごときものにおいて民族的抵抗を示すにすぎない。

宗教的領域においては、闘争に疲れ、古い教会への復帰や分裂した教会の再統合を願う気運が強くなった。ルター派の正統教会は硬直化し、ピエティスムス（敬虔主義）がようやく新しい内面的生命をもたらす。大いなる苦闘をとおして忽然として興隆したオランダは、寛容主義を容れる自信と余裕があり、自由思想家の亡命をゆるした。デカルトもここに安住し、スピノザの哲学、ホイヘンスのごとき科学者、レンブラントのごとき芸術家が現出した。しかし大いなる苦闘をとおして贖いとられたこのオランダの自由も、フランスの侵略の危険に脅かされることになる。

その他ライプニッツの生涯に関係のある国々を一瞥すると、ブランデンブルクではプロイセンの大選挙侯が大志を伸べんとして準備しており、イギリスではカトリック的・絶対主義的傾向に対して闘争を戦いぬいており、その間にあってロックやニュートンが出現している。スウェーデンは三十年戦争の戦果によって獲得した強国の地位から早くも脱落しつつあり、東方ではロシアがピョートル大帝とともに新星のごとく登場してくる。東南ではふたたびトルコがウィーンに迫り、キリスト教文化圏を脅かしている。

このような歴史的状況が、ライプニッツの活動した環境である。これは、講壇や書斎の外に活動の舞台をもとめたわれわれの哲学者にとって、重要な意義をもつ。結局ライプニッツの生活を包みおおう世界では、ドイツは濃い影の中に沈み、それに反しフランスは政治的権力のみでなく文化の面でも頂点に達し、バロック文化の爛熟からロココに向かわんとしており、さらに一般にヨーロッパには啓蒙主義におもむく路線が顕になってくる。この時代の児であって同時に来たるべき時代を設計しようとする者が、ライプニッツである。

苦悩するドイツ

ドイツが三十年戦争の戦禍から立ちなおるには、ほとんど一世紀を要した。この時代のドイツの惨状は、同時代の記録によると、たとえば人口は四分の三を失い、家畜類や財貨の損失はさらにはるかに大で、農業はもとの状態に回復するのに、ある地方では二世紀を要し、大多数の商業の中心地は亡び、政治団体にはあらゆる悪徳が蔓延していた。これらのすべては三十年戦争に帰せられた。

今日では、かかる状況記述には誇張があると言われ、第一に、ドイツは一六一八年にすでに破壊の途上にあったこと、第二に当代の記録はかならずしもそのまま信頼しがたいことが指摘されている。君主たちは金融上の義務を避けるために、諸国の損害を言いたて、市民は税をまぬかれるために、すべて自国の状態をどぎつい極彩色で描いているという。たとえばスペイン政府に対して書かれた損害表には、ある地方では破壊された村の数が存在の知られている総数以上になっている。人口の減少もある程度までは一時的な移住によるものがあり、社会的にも破壊よりは移転による。

しかし、誇張があるにしても真実がないわけではない。人口の四分の三を失ったか、あるいはそれほどの率でなかったかにかかわりなく、それ以前にも以後にもドイツの歴史が経験しなかった全般的な災厄であったことは事実であり、挽回しがたい災厄という実感が一般的に広がっていたことはたしかである。すくなくとも戦後のドイツ再建の仕事に直面した人々には、これが一般的印象であったであろう。

スウェーデン軍だけでも約二千の城、一万八千の村、千五百以上の町を破壊した。バイエルンは一万八千の家族と九百の村を失った、ボヘミアは六分の五の村と四分の三の人口を失った、とそれぞれ主張した。ユルテムベルクでは住民は六分の一に、ナッサウでは五分の一に、ヘンネベルクでは三分の一に、ヴォルヘンビュッテルは八分の一に、マグデブルクでは十分の一に、オルミッツでは十五分の一以下に減少した、という当代の記述は〝伝説〟であるとしても、モンテーヌ将軍はナッサウで「自分自身の目で見たのでなかったら、一地方《ラント》がかくも荒らされ得るものとは信じなかったであろう」と述べている（ウェッジウッド『三十年戦争』一九五七）。

哲学者の課題――再統合

しかし、戦争の直接の損害より根本的に重大であったのは、社会秩序の崩壊、権威や宗教の不断の変化動揺、それがもたらした社会の解体である。これがまさに思想家の直面する問題であり、これの再建、復興が思想家の避けがたい課題となる。われわれの哲学者ライプニッツがあえて講壇の生活を捨て、広い世間に出て活動することを意欲した動機には、かかる背景が想定されてよいであろう。この課題は哲学と宗教と政治とにまたがる。具体的には、分裂対立した宗教的信条の再統一、再統合、それにつながる政治的問題である。

これを根本的に基礎づけることは哲学の使命である。これらいっさいにわたるものが、ライプニッツがみずからに課した問題である。彼の哲学が志向するものはこれなしには理解しがたいであろう。「永遠の相のもとに」人間と世界を観想することを説いたスピノザが、『神学・政治論』や『国家論』を書かざるを得なかったのも、同一の哲学的使命感によるであろう。しかし、それをいかなる哲学にもとめるかは、哲学者がいかなる人間であるかによって決定される。

ライプニッツの遠大な世界史的活動は、マインツ選挙侯に仕えることによってまずその端緒を見いだした。これ以後ライプニッツの活動には、全生涯を通じて、常に宗教、政治、哲学・科学が内面的に相交錯しており、それらがいずれも独立分離していないことが彼の全活動の根本的性格である。そして、それが常に世界的規模において、「普遍的 universal」な見地において行われることが、もっとも性格的なところである。

彼が君主に仕えたのは、経済的に独立でなく、しかしスピノザのようにつつましい孤独な思索者たることに満足せず、世間の中で活動することを意欲したからではあるが、より根本的な動機としては、偉大な君主をとおして自己の大志を実現しようとしたのであろう。彼の全生涯を見ると、かならずしも一国一君主に隷属した忠実な廷臣ではない。それゆえ、彼の大才を洞察することのできた君主には信頼されたが、これを理解し得ない君主には白眼視された。結局、真に彼を用いる英邁な大国の君主に出会うことのできなかったのは彼の悲運であった。彼の真の理解者・共感者は宮廷の貴婦人だけであった。

マインツ時代

ライプニッツがはじめて仕えたマインツ選挙侯フィリップ・シェーンボルンはカトリックの教会君主である。ライプニッツは彼のうちに高い人格的資質をもつ君主を認めた。帝国の諸君主の中で第一位をしめる高位であり、フランスとオーストリアとの均衡保持を使命とするライン同盟の首領として、重大な政治的役割を演じ得る人と目した。とくに、全キリスト教再統一の大問題に関心をいだく、高遠な理想に燃えた人物として評価した。実際にシェーンボルンは宗教的寛容をもち、ドイツの君主中、領内で魔女焚殺を禁じた最初の人である。現にプロテスタントであるライプニッツを任用した。

彼にこの機会を与えたボイネブルクとのマインツにおける親密な交わりから、ライプニッツは多くの政治的指導を受けただけでなく、その後のライプニッツの長期にわたるカトリックとプロテスタント再結合策の基礎をつくった。この課題は、すでにスコラ哲学と新哲学・新科学との調和を企図していたライプニッツの普遍的・和解的精神に、ただちに訴えるものがあった。

これらの状況からライプニッツのカトリックへの改宗の近いことが期待されたが、彼は最後までプロテスタントにとどまった。それは、彼がプロテスタント的神学を奉じていたからというよりも――むしろ彼はカトリックのほうにキリスト教会の真に正統的な形式を承認する傾向があった――何よりも彼の普遍主義的精神によるであろう。あえて改宗することは、みずから一つの特殊を選びとることであるからであろう。それゆえに、あらゆる期待や勧告にもかかわらず、プロテスタントにとどまった。しかし同時に、かならずしも厳格なプロテスタントとして遇せられなかったことも偶然ではない。Indifference――「中立」として、「無信仰者」として、白眼視されている。彼はあくまで普遍的な立場で、両教会の再統一に最後まで努力を続けるのである。同時に、両教会の共通の敵である無神論や、三位一体を否定するソッツィーニ派に対しては、きびしい攻撃を加えた。

ドイツ安全策

大規模な政治問題も彼の課題であった。空位のままであったポーランドの王位をねらって、ファルツ伯ノイブルクは、ボイネブルクを、王位選挙のために公使としてワルシャワに派遣した。ライプニッツは彼のために、ポーランドに対して、あらゆる見地からドイツのファルツ伯が選ばれるべき理由を数学的に証明した建白書を起草した。しかし、ボイネブルクの使命は失敗し、ライプニッツの建白書も目的を果たさなかった。この間にあっても、ライプニッツの生活態度は——これは全生涯を通じて変わらないのであったが——同時に哲学者、科学者であることを保持し思索と研究を廃しなかった。

そして生活や仕事の面において多面的で多様であったと同じく、思想の方面においても同様に多端で多様であった。アリストテレスと新思想であるデカルトとホッブズとの結合を問題とし、『自然学の新仮説』（一六七一）のごとき自然学の考察に専念し、同時に十六世紀中頃のイタリアの人文学者ニゾリウスの著作の新版を刊行したりしている。

ライプニッツはこの書の序文に、イギリスやフランスではすでに早くから母国語で哲学し、聖職者でない世俗人や女性すら哲学に対する見解をもち得るようになっているのに、ドイツでは甚だ保守的で、依然として学校哲学にとどまっているのは、ドイツ語で哲学することがないのによること、しかしドイツ語は、全ヨーロッパ中もっとも哲学するに適した国語であって、ラテン語でなければ哲学的なものを言い表わせないなどと考えるべきでないこと、を記している。

ドイツ語の使用と改善は、ライプニッツの永続的な関心事であった。しかし、ライプニッツ自身の著作はドイツ語によるものはきわめて少ない。これは当時のヨーロッパでは、広く読まれるためには学術的ラテン語か宮廷的フランス語かのいずれかを使わねばならなかったからである。ドイツ語による哲学の著作は、ほぼカントの時代からで、これは、ドイツ語自身の哲学的用語としての発展と成熟があってこそにほかならない。

新旧教会の統一策とともに、三十年戦争後のヨーロッパ列国の勢力均衡によるドイツの安全策もボイネブルク＝ライプニッツの課題であった。いわゆる「エジプト計画」はその一つである。これはフランス王にトルコに対する「聖戦」を献策し、同時にエジプト遠征が利するところ大であることを説き、もってルイ十四世の鋒先をドイツから転じさせることを図ったものである。その献策のために、ライプニッツはパリに派遣されることになった（一六七二年）。従来、ライプニッツのパリ行きはもっぱらマインツ選挙侯のこの外交上の使命のためと解されていたが、実際の主目的はボイネブルクのルイ十四世に対する債権の督促にあった。しかし、その使命はいずれも失敗に終わった。ライプニッツの起草したエジプト献策も王に届かなかった。ルイ十四世の宮廷ではかかる遠大な理念に関心がなく、何よりも十字軍は「流行おくれ」であり、もっと手近な征服を意欲した。このエジプト計画は、後にナポレオンによって実行された。

パリの四年間

この年の終わりにボイネブルク、翌年には選挙侯も死し、ここでライプニッツは知己と保護者とを同時に失った。しかし四年間のパリ滞在はライプニッツの思想の成熟に決定的な役割を果たした。当時、フランスは統一的な中央集権による強大な国家となり、「偉大な世紀」を現出し、パリはその首都として全ヨーロッパの学問・文化の中心であった。ラシーヌは名声の頂点にあり、モリエールの公演をライプニッツも観ている。このパリにとどまることを切望したが、マインツの新しい選挙侯とは連絡がなく、パリで生活をささえる地位を得ることもできず、やむなくかねて申し出を受けていたハンノーファー侯ヨハン・フリードリヒの法律顧問官兼司書の職に就くため、帰国することになった。

パリ滞在の四年間は、ライプニッツの学問にとってはきわめて実り豊かなものであった。パリに来てはじめてライプニッツは、当代の数学・科学の先端にふれ、彼の天才は開花した。この時代の代表的科学者クリスティアン・ホイヘンスとも交わることができ、近代数学に眼を開かれた。ホイヘンスはオランダ人であるが、パリの科学アカデミーの会員として招聘されていた。一六七三年にホイヘンスの有名な『振子時計論』が出たときには、彼はいまだこの重要な作品を理解することができなかった。デカルトの「幾何学」さえ十分にはマスターしていなかった。

微積分法の発見

しかし、これを自覚したライプニッツは、新数学の組織的な研究に没頭し、彼の天才はたちまちこれを自分のものにし、さらにこれを超えることができた。数学史上の画期的な業績である微積分の発見も、ここでできた。パスカルの「サイクロイドに関する書簡」とデカルトの「解析幾何学」の研究から、接線の問題に向かい、彼の微積分学の発見の端緒になった。これが後にニュートンの発見との優先権問題をひきおこすことになり、剽窃《ひょうせつ》呼ばわりされたが、数学史家の研究によってニュートンのそれは円の求積法の問題から出発した別途のものであることが明らかにされ、ライプニッツの独創は立証された。公表はおくれたが、微積分法の発見そのものはニュートンのほうが早かった（一六六五年）。しかし、その記号法はライプニッツのほうがすぐれていて、現代まで用いられている。

一六七三年にしばらくロンドンに旅行し、ロバート・ボイルその他のイギリスの自然科学者たちとも交わり、知見を広めた。「計算機」の発明によって王立科学協会の会員に選ばれた。ニュートンに遅れることわずかに一年である。計算機はもともとパスカルが発明したものであるが、ライプニッツはこれを改良し、加減だけでなく乗除、さらには開平をも可能にした。

哲学思想の成熟

哲学思想に関しても、新しい哲学の代表者たちと相識ることによって成熟した。その第一は、ポール・ロワイヤルに拠るジャンセニストの代表的思想家アントワーヌ・アルノーである。彼は当代のデカルト哲学の代表者であり、『ポール・ロワイヤル論理学』の共著者として有名であった。その他、デカルトとスピノザの反対者であるユエ、デカルト哲学を深化発展させたマルブランシュ、また科学者では上述のホイヘンスやマリオット、さらに同国人チルンハウスと交わりを結んだ。パリの図書館もライプニッツの知識の拡大に益した（パスカルの数学の遺稿もここで見ることができた）。

ここでライプニッツの外交的使命は、学問的研究や学者との交友の背後に没してしまった。とくに、パリ滞在によってフランス語に熟達し、明晰流暢なフランス的文体を習得し、以後の著作がひろく全ヨーロッパに伝えられる機縁となった。パリ滞在の最後の時期にはプラトン研究に熱中した。とくに深く取り組んだものが『パイドン』『テアイテトス』および『パルメニデス』であることは、重要な意味をもつ。ライプニッツはプラトンの認識論的・論理学的著作の真価をはじめて深く理解した最初の近世哲学者であろう。

パリにおいてライプニッツは完全に成熟した。一六七六年パリを去った。いまや三十歳である。帰国の途中、ふたたびロンドンに立ち寄り、オランダを経てこの年の十二月、ハンノーファーに着いた。オランダでは余命いくばくもないスピノザと会談した。行き着いたハンノーファーは、北ドイツの一小首都である。これから後四十年間、死にいたるまでライプニッツの定住の地となり、したがってまた彼の世界にわたる活動の中心点ともなる。

Ⅲ　生涯と実践(二)

ハンノーファー侯に仕えて

ハンノーファーはドイツの歴史でも重要なヴェルフェン家の一系統、ブラウンシュヴァイク＝ヴォルフェンビュッテルの首都である。ハンノーファー侯ヨハン・フリードリヒは、かねてからライプニッツを自分の宮廷に招聘することを望み、パリに在るライプニッツと活潑な書簡を往復していた。アルノーはハンノーファー侯宛ての封緘した推薦状をライプニッツに与えた。それには、ライプニッツが真に今世紀の偉大なる人物の一人たるには、ただ真の宗教を欠くのみと記されていた。ヨハン・フリードリヒは、イタリア旅行の途中アッシジでカトリックに改宗した人である。ハンノーファーでのライプニッツの公式の任務は宮廷法律顧問官で、同時に図書館の管理をゆだねられた。ここでも、ライプニッツには静かな思索生活はなく、あいつぐ広汎な政治的活動に専念した。

「じっさい、〝人は二人の主人に仕えることはできない〟という聖書のことばが当てはまらざる者ライプニッツのごときは稀である」(K・フィシャー)。ライプニッツは単に、「二君」に仕えただけではない。むしろ無数の主人に仕えた。

ライプニッツの職務は、実際にはハンノーファー侯の宮廷での政治的事務に関する文書の執筆と活動であったが、鉱山開発と貨幣制度のごとき経済政策にも関与した。さらに修史、とくにヴェルフェン家の歴史の編纂が重い任務となった。この機縁によってライプニッツは近代史学のはじまりとなった。この修史事業が外国や他国の宮廷を訪れる大旅行の機会となった。さらに、教会政治的活動、カトリックとプロテスタント教会の統一策、ルター派とカルヴァン派との統合策、さらにまた、ベルリン、ウィーン、ドレスデン、ペテルブルクに科学アカデミーを建設する計画、全ヨーロッパにわたる当代の代表的な人々との書簡の往復、そしてこれらの間に、自分自身の学問的労作が不断に推進されるのである。その研究領域は、哲学、神学、数学から、いっさいの文化科学、自然科学におよび、際限なく広がってゆく。いずれの領域においても独創的な貢献がなされ、しばしば新開拓者であった。おそるべき巨人的精力と才能というほかはない。

ハンノーファーの宮廷に仕えている間に三代の君主にまみえた。その間にヴェルフェン家は偉大な躍進を遂げた。選挙侯になり、息女は嫁してプロイセン王妃になり、最後に、侯自身もイギリス王位の継承者になった。これらの躍進にライプニッツが果たした役割は大である。しかし、それに酬いられることは少なかった。

最初の君主ヨハン・フリードリヒはライプニッツの天才を評価することのできた君主であったが、ライプニッツの来任後数年で死し（一六七九年）、二人の後継者エルンスト・アウグスト（在位一六七九〜九八）とゲオルク・ルートヴィヒ（在位一六九八〜一七二七）は特別にライプニッツに友情を寄せることなく、むしろ冷淡になった。ついに彼は、彼の偉大な力量を真に認めることのできる、真に偉大な君主の宮廷を願望するにいたったが、果たさなかった。彼の晩年は、不遇と孤独のうちに終わった。

ペンを剣として

宮廷におけるライプニッツの主たる任務は、外交的活動というよりもむしろ文筆活動にあった。ハンノーファーが発展して権力を増大させるにしたがって、ライプニッツも全ヨーロッパ的事件に多かれ少なかれ関与することになる。その中心は、フランスのルイ十四世である。彼の対オランダ戦争が成功してナイメーヘンで講和会議が開かれたとき（一六七八年）、ハンノーファーにおけるライプニッツの政治的活動の最初の機会となった。ハンノーファー侯はこの会議に、選挙侯と同じ資格をもった代表者を派遣する権利を要求した。この目的のためにライプニッツは、ドイツ諸侯の主権と代表権に関する論文を匿名で執筆した。これは、主権国家の新しい概念を展開したものとして、単なる時事論文にとどまらぬ意味をもつと言われる。

カトリックであったヨハン・フリードリヒを継いだその弟エルンスト・アウグストはプロテスタントで、従来ルイ十四世と友好的であったハンノーファーはこれ以後フランスの反対者の側に立つことになる。ルイ十四世の侵略政策が公然と現われ、一六八一年にはシュトラスブルクが奪われ、ナントの勅令が廃棄され、フランスのドイツ帝国に対する脅威は、トルコがウィーンに迫ることによってもっとも重大となり、ついにオーストリアの指導下に全ドイツ諸侯はフランスから離反し、他のヨーロッパ諸強国と同盟して対フランス戦争となる（一六八八〜九七年）。

この状況のもとに――シュトラスブルク侵略の後、トルコ戦争の時期にライプニッツは、「もっともキリスト教的な軍神」（一六八三）という皮肉な表題で、ルイ十四世を痛烈に批判したパンフレットを書いた。深い倫理的心情にあふれている点で彼の著作中独自のものと言われる。これに続いて政治的檄文をとおしてルイ十四世と戦った。

これらの間にハンノーファー家は選挙侯の資格を獲得（一六九二年）し、ゲオルク・ルートヴィヒのとき、オラニエ家との血縁によってイギリス王位継承権が確認され、一七一四年、ジョージ一世としてイギリス王となった。これらの事件や宮廷間の婚姻に、ライプニッツは外交官または著作者として働いた。ハルツ鉱山開発計画は長期にわたる実験も空しく失敗に終わった。しかし、ここから近世地質学の先駆となる『プロトガイア（地球前史）』が生まれた。

歴史的著作

一六八五年以来、ライプニッツに課せられたヴェルフェン家の歴史の編纂は、彼の晩年の重い負担になった。国家と国民が君主個人に集中したこの時代では、君主の家系譜は重要であった。ヴェルフェン家の場合、とくにイタリアのエステ家との関係を立証することが問題であった。ライプニッツはこの家系史の準備のために、一六八七年から三年にわたる大旅行に出発した。この行程はミュンヘンを経てイタリアへ、ローマからナポリにまでおよび、一六九〇年にハンノーファーへ帰った。この旅行にはヴェルフェン家史のための文献調査だけでなく、政治的、教会的、個人的目的があった。ウィーンはつい五年前に奇跡的にトルコからの危機を脱したところであった。ここでは皇帝、宮廷と重要な関係を結び、ローマでは教皇宮廷、学界、とくにイエズス会派の人たちと往来し、イエズス会派の中国伝道に深い興味をもった。彼の中国に関する知識はこれが機会になった。『最近の中国事情』(一六九七)や中国哲学の概要などの著作がある。これらにおいて、彼の中国に関する知識の豊富さと深さを推察することができる。

ローマの図書館も熱心に調査した。なかんずく、近く亡くなったスウェーデン女王クリスティナの遺稿を見ることができた。ローマの最高のサークルから歓待を受け、ヴァティカン図書館司書の地位を勧められた。枢機卿にもなり得るよい地位であったが、これに就くにはカトリックへの改宗を必要としたために、ライプニッツは良心の自由を守るためにこの好機を断念した。旅行の主目的であったヴェルフェン家とエステ家との所縁は確証することに成功した。彼個人にとってもより豊富な収穫があった。さまざまの印象や知識、さらに重要な人々との交際がそれであった。

この旅行を含む十年間は、彼のもっとも活潑な、かつ、もっとも幸福な時代であった。ヴェルフェン家史に先だって資料の出版がみごとな形式でなされたが、ヴェルフェン家史そのものはカール大帝からザクセン皇帝の終わりまでにとどまり、遅々として進まず、ライプニッツの悩みのたねとなってきた。宮廷はこれの完成を督促し、ついには「幻の書」とまで皮肉を言われた。ライプニッツの死期にいたってついに、“Annales Brunsvicenses”(ブラウンシュヴァイク家年史)は完成したが、出版もされず、百三十年後にはじめて世に出た。この労作の運命はライプニッツの生涯の悲劇的相貌の一つである。ミケランジェロにおけるユリウス廟計画を想わせるものがある。

教会再統一の努力と挫折

カトリック・プロテスタント両教会の統一は、ライプニッツのマインツ時代以来の宿望であったが、いまやハンノーファーでこの理念が実現する可能性があるように見えた。一般的な時代の傾向も和解に向かっていた。人々は戦闘に——剣をもってする戦いにもペンをもってする戦いにも飽き、相互の忍従はウェストファリア和議によって確認された。ドイツでは帝国自身が積極的にこれを意欲したが、フランスは政治的打算からドイツ内の宗教的緊張を望み、挑発をすらあえてした。教皇政府ももとより再統一を望んだが、それはプロテスタントのカトリック教会への復帰であった。

ドイツにおいても、帝国と教会の利益のために再統一を望んだのはカトリックの君主（たとえばマインツ）であったが、皇帝政治につながりをもつプロテスタントの君主も再統一に好意的であった。そこでハンノーファー侯エルンスト・アウグストも表面上はルター派であったが、選挙侯位をねらうためにハプスブルク政策と結びつき、再統一運動の中心となった。カトリック側では司教スピノラが、プロテスタント側ではモラヌスとともにライプニッツが、代弁者であった。

ライプニッツは心からこの再統一に努力した。これはドイツ帝国の強化のための政治的意図よりも、むしろ彼の調和的精神から発したというべきであろう。彼はいまやローマにおけるドイツ再統一論へのフランスの反対を打破し、フランス教会ならびに王自身を再統一策に同意させることに懸命になった。フランス教会のガリカニズム(教皇権制限主義)はローマに対して比較的な独立を主張するものであるから、ライプニッツ自身の再統一計画には好都合な手がかりに見えた。彼の案は、プロテスタントはローマに無条件に従属するのではなく、真に「普遍的な」(カトリック的)全教会の枠の中へ自由にはいることであった。

ライプニッツはこの再統一問題をめぐってフランスの二人のすぐれたカトリック、司教ボシュエおよび改宗した枢密顧問官ペリソンと、頻繁に書簡を交換した。ライプニッツはここでは、モラヌスとヘルムシュテット大学のプロテスタント神学者との諒解のもとに、驚くべく幅広く、カトリック的解釈に同意している。プロテスタンティズムがカトリック思想にかくも接近したのは宗教改革以来はじめてである。

しかし、二十年にわたるライプニッツの努力にもかかわらず、再統一案は挫折した。それは結局、ライプニッツを意識的な異端と断じたボシュエの頑固な教会的態度によるだけでなく、二つの世界観の対立の根深さを深く意識しない「ライプニッツ的心情」によるのであろう。カトリック教会はプロテスタントの従属を要求するが、プロテスタントは個人の信仰と良心の自由の原理、個人的自律の原理を放棄し得なかった。かくてキリスト教内における、またドイツ内における断絶は架橋されずに終わった。そのうえに、ハンノーファー家はイギリス王位継承権を得たために、政治的にイギリスの反カトリック的気分に順応して反カトリック的態度をとったことによって、この統一案の挫折はいっそう決定的となった。哲学者も世俗的政治的関心と宗教的関心との葛藤の渦中に巻きこまれざるを得なかったのは、この時代の歴史的境位であった。

かかる苦渋な体験にもかかわらず、再統一計画は最後までライプニッツのもっとも深い心情の問題たることをやめなかった。生涯の最後においても、新しくこの計画をとりあげ、ロシア皇帝ピョートル大帝に世界会議を招集させようと計画している。再統一案の目的のためにほとんどカトリック的な印象を与える「神学体系」を書いたライプニッツも、再三の改宗の勧誘には応じなかった。彼の統一の理念は、個性を抹殺した統一ではなく、あくまで個性を保持した統一、すなわち調和的統一である。これはライプニッツの哲学的理念にほかならない。

この再統一の全努力は、ライプニッツの精神ならびにこの時代の精神史の重要な記録である。これ以後、分裂した教会の再統一のためにかくも真剣に闘われたことはない。

ライプニッツの驚くべき強靭な意志は、カトリックとプロテスタントの教会再統一に失敗した後、なお一六九七年から一七一五年の長期にわたって、さらにプロテスタント内部の分裂——ルター派とカルヴァン派との統一に努力した。この計画もまた、成功しなかった。ここでも不安定な政治的利害関係と思想的対立がからまることに変わりはないからである。結局、宗教的対立の調和はライプニッツの夢に終わった。

Ⅳ　巨大な文化政策

文化政策を貫く赤い糸

ライプニッツの政治的活動は、単に公務としての外面的動機によるのではなく、彼自身の内面的な哲学的理念にもとづく。多面的発散的な活動も――甚だバロック的であるが――究極的には一つの指導的理念がこれらすべての努力を統一している。それは啓蒙されたキリスト教を地盤として、科学と技術を最高度に発展させ、もって人類を幸福と進歩に導くという汎ヨーロッパ的文化の理念である。彼の全活動は、究極的にはこの壮大な文化政策を動機としている。

彼はハンノーファーに在って、蜘蛛の巣のように幾千条の糸を八方にくりひろげ、不断にヨーロッパのあらゆる重要な文化的現象を観察し注視して、彼の未来像に沿う文化の発展に貢献しようとして努力を続けた。このヨーロッパ文化の発展と組織という遠大な文化計画のために、洞察と権力をあわせもつ世界支配的な偉大な君主を見いだすことを絶えず最高の念願とした。ルイ十四世、ドイツ皇帝カール、最後にピョートル大帝に順次目をつけた。彼がこれらの諸君主に恩顧をもとめたのは、常に彼のこの文化的権力意志に深い根底をもっていた。しかし結局、彼の諸計画を実行に移すような大人物を見いだし得なかったのは、彼の生涯の悲劇であった。しかし、それでもなお多くのことが成しとげられ、次の世紀の文化史に深く滲透している。

ライプニッツのこの文化政策的活動の中でまず大きな部分をしめるのは、ヨーロッパの第一流の学者たち、君侯、貴婦人たちと交わした巨大で広汎な往復書簡である。その交際は千人以上におよび、あらゆるところから刺激を受けるとともにそれ以上の刺激を発散した。そこには政治的、神学的、哲学的、歴史的、数学的、技術的問題がとりあつかわれている（次ページの表を参照）。中国人、モンゴル人にまでおよんでいる。

学術雑誌（たとえば、パリの *Journal des savants*、ライプツィヒの *Acta eruditorum*）に多数の論文を寄稿したことはもとよりとして、「君主像」や「王公教育案」は、彼の文化理想を志向するような君主の教育を意図した努力の記録である。彼がみずから出版した唯一の著書である『弁神論』すら、明瞭にこの根本志向を示している。

アカデミー建設計画

全往復書簡と全著作活動のほかに、彼の文化政策に直接的、かつ、もっとも効果的な手段として、ライプニッツは、ヨーロッパのすべての文化の中心地に科学アカデミーの建設を計画した。科学協会はイタリアからはじまり、フランス、イギリスで公共機関として設立され、成功してい

ライプニッツの文通内容

内容	宛先の例	宛先地	人数
1 哲学	A.アルノー S.クラーク	ベルギー イギリス	49
2 自然法、国際法	Th.ホッブズ	イギリス	7
3 哲学的言語及著作、発明術、思考術	N.マルブランシュ	フランス	7
4 宗教、神学	Ph. J.シュペーナ H. J. v.ブルム	ドイツ チェコ・スロヴァキア	25
5 教会統一（カトリックとプロテスタント）	J. B.ボシュエ エルンスト伯	フランス ドイツ	16
6 平和論（ルター派とカルヴァン派）	スピノラ J. A.テュルタン	オーストリア スイス	15
7 神秘主義、神託	A.マグリアベッキ	イタリア	4
8 数学	J.ウォリス J.ベルヌーイ	イギリス スイス	42
9 比較言語学、語源学、言語学	E.ベンツェリウス	スウェーデン	23
10 中国の言語と文化	Cl. Ph.グリマルディ J. de フォンタネ	北京 広東	20
11 民族の血縁関係、系譜	O.シュペアリング	デンマーク	5
12 普遍的・永久的平和論	St.ピエール	フランス	2
13 法学の改革	H. E.ケストナ	ドイツ	8
14 精子、顕微鏡、生理学	A.レーウェンフック	オランダ	1
15 化石となった樹幹	J. G.リープクネヒト	ドイツ	2
16 天文学	E.ハレー	イギリス	9
17 暦の改訂	Fr.ビアンキーニ	イタリア	4
18 物理学	P. de カルカヴィ H.オルデンブルク	フランス イギリス	23
19 光学、光、放射、重力	I.ニュートン B. de スピノザ	イギリス オランダ	4
20 化学	M.テヴノー	フランス	8
21 錬金術	A. A.コハンスキー	ポーランド	4
22 医学	Fr.ホフマン	ドイツ	5
23 計算機	P. D.ユエ	フランス	17
24 潜水航海	B. Le B. de フォントネル	フランス	3
25 燐	H.ブラント	ドイツ	3
26 永久運動	G.トイバ	ドイツ	3
27 記号法的幾何学	Chr.ホイヘンス	オランダ	1
28 安楽についての工夫	H.ジュステル	イギリス	1
29 アカデミー計画、学会の組織化	フリードリヒⅠ世 ウジェーヌ公	ドイツ オーストリア	19
30 産業：火酒蒸溜	J. D.クラフト	ドイツ	1
31 〃：生糸、羊毛の製造	J. L.フリッシュ	ドイツ	2
32 〃：鉱業業務（ポンプ）	B.オリッチュ C. A. v.アルフェンスレーベン	スマトラ スペイン	11
33 〃：陶磁器製造	Chr. A. v.ワルター	デンマーク	2
34 〃：ザクセンにおけるトコンの栽培	M. A. v.ケーニヒスマルク	ドイツ	1
35 学術上の報告	H. v.フイセン	ロシア	24
36 歴史	J.チアンピーニ J.ジュステル	イタリア イギリス	28
37 文献学、手稿、出版	フランツⅡ公	イタリア	10
38 アブル・フィーダ（アラビアの歴史家）	J. de グラーフェル	ドイツ	2
39 政策	Chr. Fr.ウェーバー	ロシア	23
40 系譜学	J. W.インホーフ	ドイツ	1
41 古銭学	N.トゥアナール	フランス	2
42 地理学	G.カンテリ	イタリア	1

(1) 本表は、Niedersächsische Landesbibliothek 所蔵の ‹Leibniz' Korrespondenten› から作製した。原図は地名中心である。
(2) 右欄の人数は延人数。文通相手の総計は、1063人にのぼる。

たのが着想の発端であったが、ライプニッツの創意はこれの普遍的統一にある。すでにマインツ時代以来、学術協会を機関として人類の精神的教養の向上を組織化しようとする理念に愛着していた。そして生涯の最後の日まで倦むことなく、諸アカデミー建設の仕事に専念した。

この目的のためにさらにさまざまの企画が試みられた。彼の意図するアカデミーは、けっして単に狭い学問的目的だけでなく、より普遍的な実践的目的をも含むものであった。しかし結局、実際に実現したのは、ベルリンの「科学協会 Sozietät der Wissenschaften」――のちの「プロイセン科学アカデミー」だけで、一七〇〇年に設立、ライプニッツが最初の院長になった。これを援護したのはブランデンブルク選挙侯夫人――のちのプロイセン王妃――ゾフィ・シャルロッテである。彼女はハンノーファー侯夫人ゾフィの息女で、ライプニッツの弟子であり友人である。

これは「ドイツ的心性の協会」たるべきもので、公共福祉を指導理念とし、宣教の奨励を主要課題の一つとして掲げている。その財源を確保するために、あらゆる可能的手段を考案し、協会による養蚕の経営をも考えた。しかしここにおいても、ライプニッツ自身は幸運ではなかった。ゾフィ・シャルロッテの没後、一七一〇年にベルリンの同僚たちから院長の地位を追われ、フリードリヒ・ヴィルヘルム一世の下ではアカデミーはまったく萎縮してしまった。その復活は、フリードリヒ大王を俟たねばならなかった。しかしそのときには、創立者ライプニッツの意図に反してフランス語を公用語とするような、フランス式なアカデミーになった。ずっと後に、とくにヴィルヘルム・フォン・フンボルトによってはじめて本来の精神に更新された。

ライプニッツはさらに、ザクセン選挙侯にしてポーランド王アウグストにも、ドレスデンにアカデミーを建設することを勧説した。ライプニッツの「王公教育案」を讃したアウグストはこれに耳をかたむけ、すでに設立案ができていたが、たまたまスウェーデン軍のザクセン侵入（一七〇四年）のため、設立のまぎわに挫折した。

ついでライプニッツはウィーンに目を向け、ここに私的に何か月も滞在して、皇帝ならびに王公にウィーン・アカデミー建設案を説いた。皇帝は彼に、帝室顧問官の称号を与えた。ハンノーファーにおける不遇がますます色濃くなるのに反して、「高貴なる騎士」とうたわれていたオイゲン公のごとき知己をも得たライプニッツは、ウィーンにとどまる意向に傾いたでもあろう。しかしここでもまた、アカデミー計画の遂行は皇帝の財政難のため、結局挫折に終わった。これはライプニッツの死後、マリア・テレサのもとにようやく実現された。

しかし、最後になおライプニッツは、新しく登場してきた新興のロシアに望みを嘱した。広大なロシアとそれをとおしての極東の文明に着目して、ペテルブルクにアカデミーを建設することを計画した。ロシア皇帝ピョートル大帝とはかねてヴォルフェンビュッテル家とのゆかりによって個人的に相識であった。皇帝は彼の考えに共感した。ライプニッツは法律顧問官の称号と年金を受け、「ロシアのソロンのごとく」（と選挙侯夫人ゾフィ宛てにみずから記している）遠方から皇帝に仕えるような恰好になった。じっさいにライプニッツは、ロシアの精神史に介入している。しかしペテルブルクの科学アカデミーの実現はライプニッツの死後（一七二五年）のことになった。

結局、ライプニッツの生涯をかけた雄大な諸計画は、ほとんどすべて完遂されずに終わった。しかし、それがすべて空想的な現実性のない計画であったからでなく、もっぱら時運による。あるいはあまりに時代に先んじていたこと、あるいは一個人にある巨大さによる。しかし、彼のかくも巨大な文化的理念と、さらに何よりも不断のかくも強靭な努力は、まことに天才的、英雄的というほかはない。後世はライプニッツの理念と努力の成熟するのを目睹した。ライプニッツ自身は将来を確信して、自己の挫折に耐えた。彼は言う、「われわれは後世のために働かねばならぬことを告白する。人はしばしば自分の住まないであろう家を建てる、人はその果実をたのしむべくもない木を植える」。

ライプニッツの活動は、このようにほとんど無際限に多方面であった。しかし、これらいっさいの政治的、教会的、文化政策的活躍の根底において、これをささえ統一している彼自身の哲学思想も進展し成熟していた。同時に間断なく、数学的・自然科学的研究、膨大な歴史の編纂も続けられた。その間三年にわたる上述のイタリアや各地への大旅行、ベルリン、ウィーン、その他へのたびたびの旅行がこれを中断したが、しかし単なる中断でなく、かえってより豊富な結果をもたらしたこともすでに述べたとおりである。

二人のゾフィ

ライプニッツのこれらの発散的な活動の中心点はハンノーファーであった。死にいたるまで四十年間、もっぱらヴェルフェン家に奉仕したが、最初の君主以外には知遇を得ず、かえって他の宮廷に知己を得た。ドイツ皇帝・皇妃、ロシア皇帝のほかに、アントン・ウルリヒ・フォン・ヴォルフェンビュッテル大公とは自分の主人以上に親交をもち、ウィーンでは元帥オイゲン公と格別に友情を深くし、彼のためにとくに『理性にもとづく自然と恩寵の原理』を書いた。オイゲン公はこれを、あたかも聖遺物のごとく常にたずさえ、特別の人にしか見せなかった。

しかし、ライプニッツにとって人格的内面的にもっとも貴重であった友情は、選挙侯夫人ゾフィ（エルンスト・アウグスト侯夫人）とその息女ゾフィ・シャルロッテ（後にブランデンブルク選挙侯夫人、さらにプロイセン王妃となる）とのそれであった。前者のゾフィとは、彼女の死（一七一四年）にいたるまで、常に親密な直接または書簡の往来があった。ライプニッツにとって彼女は、最後には、ハンノーファーにおける唯一の憩いであった。彼女は繊細聡明な知性をもち、ライプニッツに真の世界知の具現を認めた——彼の深部にまでは、かならずしも追随し得なかったにしても。

みずからは、宗教上では啓蒙主義的な理神論をとり、祭祀的宗教やその争いには関心をもたず、日曜日のお勤めには手紙を書くのを常とし、喜劇を朗読して、彼女をさまたげる夫君を撃退した。

しかし彼女の神信仰は真正で敬虔であった。「目をつくった人は、見ないということがあろうか。耳をしつらえた人は、聞かないということがあろうか」が、汎神論に対する彼女の抗議であった。ライプニッツも『弁神論』の中で、彼女の立場を支持している。

しかし、哲学的にはその息女ゾフィ・シャルロッテのほうが、より深い理解力をもっていた。優雅で精神のゆたかなこの侯女との心情にあふれた交わりは、ライプニッツの生涯の喜びであった。ライプニッツ宛ての書簡が生きいきとそれを示している。しかしこの喜びもその早逝(一七〇五年)によって、しばらくしか続かなかった。彼は彼女の中に、理解に満ちた弟子と共同探究の友人を見いだした。とくに宗教論が共通の問題であった。ピエール・ベールやトーランドの議論は、キリスト教、いな、いっさいの宗教の基礎を脅かすものとして、ライプニッツと王妃は好んでリュッツェンブルク(後のシャルロッテンブルク)の苑庭で、この問題についての談話を楽しんだ。ライプニッツの宗教哲学の主著『弁神論』は、この談話から生まれた。ハンノーファー、ヘレンハウゼンの荘苑での選挙侯夫人ゾフィとの談話から多くの哲学思想が生まれたように、シャルロッテンブルクの苑庭は『弁神論』に現出してくる哲学思想の発生地であった。この王妃の友の喪失は、ライプニッツにとって深く重い悲しみであった。王妃追悼の詩が生まれた。

この王妃の孫にあたる「サン・スーシの哲学者」フリードリヒ大王は、王妃をどこまでも「なぜのなぜ」を知ることを欲した人であったと言い、臨終の床で、「私はいま、ライプニッツが私に説明することのできなかった事物の根源について、空間、無限、存在と無について、私の好奇心を満たしにゆく」と言ったと記している。啓蒙主義の大王の祖母がライプニッツの友であり弟子であったことは、偶然ではない。フリードリヒ大王はこの両者を讃えていわく、「天から特権を賦与された魂をかちえた人は、王者とひとしい者に列しているとして、彼女は彼に信頼を寄せた」。

ニュートンとの和解ならず

ライプニッツはシャルロッテンブルクでいま一人の貴女——アンスバッハ公女カロリーネを知り、友人となった。彼女は後に選挙侯夫人ゾフィの孫ゲオルク・アウグストと結婚し、ゲオルク・ルートヴィヒがイギリス王となった後、ウェールズ公妃となった。ライプニッツはイギリスに随従することを期待したが、ハンノーファーにとどまらねばならなかった。カロリーネはロンドンから、かねて微積分法発見の優先権に関して対立していたライプニッツとニュートンとの和解を斡旋することにつとめた。これがきっかけになって、ニュートンの弁護者、サミュエル・クラークとライプニッツとの間に書簡の往復がはじまった。この往復書簡は、ライプニッツ晩年の、空間、神・精神その他哲学の根本概念に関する思想を開示した貴重な文献となった。

しかし、カロリーネが意図した和解の目的に反して、かえってますます溝を深くすることになった。カロリーネはライプニッツに宛てて書いた――「あなたとニュートンのような偉大な学者が和解することができないことを見て、ほんとうにがっかりいたします」。カロリーネの仲介によってライプニッツに送られたクラークの最後の書簡は、ついに答えられずに終わった――ライプニッツはこれを受けとった数日後に死んだ。

孤独な晩年

ライプニッツの最後の歳月は、まったく孤独であった。最後まで温かい理解者であり、保護者であり、友人でもあったゾフィ選挙侯夫人もライプニッツに先だって死し(一七一四年)、宮廷では顧みられず、もっとも偉大な学問上の競争者との対立もはげしさを増し、晩年をいっそう暗いものにした。ゾフィ・シャルロッテの早逝によって、ベルリンの宮廷ともつとに疎遠になっていた。生涯独身で終わり、友人もなく、まったく孤独であった。晩年は、痛風を病み、一七一六年十一月十四日、まったき孤独のうちに世を去った。享年七十歳。

葬送には、四十年間尽瘁した宮廷から一人の参列者もなかった。僧侶や大衆は、ほとんど礼拝におもむかず、臨終にも最後の聖餐をしりぞけたライプニッツを無信仰者と見なした。プロイセン科学アカデミーもその創立者の死に対して沈黙していた。かえってパリのアカデミーでは、フォントネルが有名な頌辞を述べた――「世界に光を、ドイツに栄光をもたらした精霊」として。

遺骸はノイシュタット宮廷教会に葬られた。これすら長く確実には伝えられずにいたが、二十世紀の十年代にはじめて発見された資料（彼の最後の助手フォーグラーの手記）によって明らかになった。

それによると、十一月六日、死の八日前、ライプニッツは痛風の発作のために書きものをやめねばならなかった。べつだん危険とは感じていなかった。だがイエズス会士に勧められていた、いつもの薬もききめがなく、かえっていっそう悪化した。十一月十三日、医師を呼び、治療を受けた。その夜はすこし小康を得たが、翌日、急に衰弱し、午後医師が来たときには、もはや絶望に見えた。しかしライプニッツは、「あすまで時間がある」と言って、弁護士を呼ぶことも、説教僧を呼ぶこともしりぞけた。フォーグラーがしばらく隣室に退いているとき、紙を折る音を聞きつけたので部屋にはいると、ライプニッツはそれを裂いて蠟燭にかざすところで、あやうくとりかえした。それからまもなく臨終に近いことが気づかわれた。お祈りをすると、ライプニッツは大きく目を見ひらき、そして沈黙した。「閣下、もう私がおわかりになりませんか」と言うと、もう一度、大きく目をひらき、「よくわかるよ」と答えた。その間に弁護士を呼びに行っていた御者がもどってきた。それからライプニッツは静かに眠りについた。夜、十時である。

埋葬はライプニッツの相続者が到着するのを待って、十二月十四日に行なわれた。全役人が招待されたが、一人も姿を現わさなかった。しかし宮廷主席説教師エリトローペルは祈禱文を読み、学生たちは音楽を奏した。一九〇二年七月、ハンノーファーのノイシュタット教会内の“Ossa Leibnitii”（「ライプニッツの遺骨」）と表記された墓石を掘りおこして調査が行なわれた。身長一メートル七五、頭骸骨は身長に比して小さく、ひらたく、低く、顎骨その他ふつうスラヴ人に見られる特徴をそなえていると報告された。

V ライプニッツの哲学

ライプニッツの生涯を、思想においてよりも活動において描くに偏したようであるが、これは思想家を行動者から抽象しないためである。彼は単なる思想家ではなく彼の思想の実行者である。思想を思想にとどめず、その思想を不断に実現しようとした実践的な政治家でもあった。このため哲学者としては異例な、廷臣としての生涯に終始した。廷臣としての職務のかたわら思索したのではなく、廷臣としての政治的活動は同時に自己自身の哲学的理念の社会的実現の努力にほかならなかった。

彼の計画はけっして単なる観念的空想ではなく、思索されたものの実現の方法であった。彼の計画はほとんどすべて挫折したが、断念したことはない。挫折は彼の確信を動揺させなかった。

彼の「調和」の理念は、将来に期待される単なる「理念」ではなく、現在の中に見いだされるべきものであった。彼は真にドイツ的なドイツ人であり、けっしてドイツを忘れない愛国者であったが、常に同時にこれを超えた普遍的な世界人であった。

哲学者ライプニッツはこの人間ライプニッツと離れては存在しない。すくなくとも充実しない。ライプニッツ自身みずから思想家を本領としたか、あるいは実際家をもって任じたかは、すくなくとも自明ではない。しかしそのいずれかではなく、いずれでもあることが彼の志であったことはたしかである。いっさいであること、いっさいであることにおいて調和を自覚する普遍的人間が、ライプニッツの真面目であろう。そのゆえに、いっさいを計画し、挫折をおそれずあらゆるものに着手し、挺身し、憩いも享楽もなく、苦行にちかい不断の精励の七十年を送った。

読者自身の構想を要する著作

彼の思想は常に実践と交互に結びついており、この結びつきにおいて理解されるべきであろう。彼は単なる著作者をもって任じていない。ライプニッツの著作は当然きわめて多様にして多量である。独創的な想念が滾々《こんこん》として湧き出ても、ノートに記すにとどめ、これを展開し完結させることなく――あるいはそのいとまなく、ほとんど断片にまかせた。常に前進を欲した、あるいはさらに可能性を追究した。ライプニッツの著作はすべて「機会の書」である。ほとんど未完結であり、途上であり、したがって常に可能性を蔵している。ライプニッツが最後に自己自身の哲学体系として自己自身にゆるした『形而上学叙説』や『モナドロジー』も、摘要書の形をしかもたない。

ライプニッツの著作にのぞむときには、一般に、まずこのようなライプニッツの著作の独自な性格が顧慮されねばならぬ。彼の思想の全体が「対自的に」露呈されてはいないこと、断片でなくても完遂されていないこと、したがって常に全体との連関や含蓄への考慮が必要である。しかし、その「全体」は与えられているのでなく、読者自身によって展開構想されねばならぬ。ライプニッツ哲学の困難と同時に、魅力の存在する点であろう。

本書に収録された著作は、ライプニッツの哲学思想の真髄を示すもっとも重要な著作であるが、それ自身としてはやはり「機会の書」であり、摘要書である。完成した哲学書の体裁をもつ『弁神論』も『人間悟性新論』ももとより重要ではあるが、両書ともに、ライプニッツの哲学の深部や真髄を全面的に盛りこんだ代表作とは言えない。『弁神論』は、当時の流行思想家ピエール・ベール批評を中心としたもので、プロイセン王妃ゾフィ・シャルロッテとともに語った追憶の書である。『人間悟性新論』もロックの『人間悟性論』の逐条的な批評であったが、生前には出版されず、六十年後に（一七六五年）はじめて刊行された。そしてその時代の若き思想家たち――レッシング、ヘルダー、とくにカントに決定的な影響を与えた。

『形而上学叙説』の意義

『形而上学叙説 *Discours de métaphysique*』は、近世哲学の第一級の古典に属するものであるが、いまだ一般にその功績とそれに値する地位が十分に知られていない。通常、『モナドロジー』がライプニッツの代表作としてもっとも有名であるが、重要さにおいて『叙説』はこれに匹敵する。これはライプニッツの哲学体系の全貌をはじめて表明したもので、彼自身、自分の哲学の根本的な完全な表現と見なしている。しかし、この草稿をだれにも示さなかった。これがはじめて出版されたのは、一八四六年である。エルトマン編の『ライプニッツ哲学著作集』(一八四〇)にも含まれていない。この『叙説』の重要さがはじめて一般に知られたのは、バートランド・ラッセルが着目(一九〇〇年)してからであろう。しかし、その『叙説』の意義に対する彼の解釈は甚だ一面的である。

『形而上学叙説』は、一六八五年から翌年にかかる冬の間に書かれた。ライプニッツ三十九歳である。これには後に決定的に、みずから「予定調和の体系」と名づけた哲学思想の根本的要素がすべて含まれている。さまざまの思想的遍歴の後、ようやくこれをもって自分の究極的思想とする自信を獲得した。この確信をたしかめるために九年間これを篋底《きょうてい》に秘めていた。一六九七年のある書簡に、「十二年間これに満足していた」と述べている。

しかしこの『叙説』は、単に自己の哲学体系を表明することだけを目的としたものでなく、それを社会に、とくに学問、政治、宗教の世界に紹介して、これらの世界における現実のはげしい闘争や対立を調停することを意図している。『叙説』の形而上学には、教会の再統一を可能にさせる普遍的・合理的神学に基礎を与えようとする政治的目的が託されている。それゆえ、これをまず当時の有名なジャンセニスト、アントワーヌ・アルノーに示して同意を期待した。一六八六年二月、これの概要の項目表をアルノーに送った。それは『叙説』の真の内容を示すものでなかったから、アルノーに理解されず、かえってきびしい反撃にあった。これを動機に両者の間に論争の往復書簡が交換され、一六九〇年五月まで続いた。これによって若干の哲学的解明はなされたが、ライプニッツの主目的であった教会の再統一にはなんら寄与することができなかった。

独創的な哲学体系

しかし、『形而上学叙説』はすべての哲学の根本問題を包括する独創的な哲学体系であって、もとより神学的な問題はその一部にすぎない。まず第一に、この時代の中心的・基礎的問題であった実体の問題からはじめ、同一の志向のもとに、伝統的なスコラ学の実体論と新科学をめぐる対立を調停しようとし、その根底をなす原理を提示する。『叙説』の論題は、神（1～7）、実体

（8～16）、力学（17～22）、人間の悟性（23～29）、人間の意志（30～31）、信仰と宗教（32～37）である。

『叙説』の論述の仕方は、論理的論証と、信仰の表白、勧告とが密接に結びつき、連続して全篇をつらぬいている。ライプニッツの哲学の生成においていずれが根源的であったかは問題であるが、『叙説』では両者ともに根本的で、ほとんど等価的である。全体として形而上学が信仰に従属するような印象を与えるとすれば、『叙説』執筆のさいの関心の一つが、上述のごとく、普遍的・合理的・形而上学的な神学のもとに教会を再統一する計画にあったからである。

『叙説』においてライプニッツがみずから「新しい」形而上学と称するものは、彼自身の神と実体の概念にもとづいて、それの「本性」の帰結として形而上学的原理を導きだすことにある。

この新形而上学は、まず第一に、神は、㈠絶対的に完全な存在であること、㈡神は完全な悟性（知識）と完全な意志（完全な行為と創造）をもつこと、第二に、実体に関しては、㈠すべての知識は主語・述語の形式の命題より成ること、㈡すべての存在は実体とその属性より成ること、㈢すべての実体は作用すること、を想定し、この神と実体の「本性」の帰結として神および実体に関する形而上学的原理を導きだす。

まず神の概念㈠、㈡から、㈢神の意志あるいは行為、および神の被造物としての世界の絶対的完全性が神の悟性に「依存」し、(a)神はけっして理由なしに行為することなく、(b)世界におけるいっさいの出来事は秩序において在ること、㈣多くの可能的秩序が存在し、それの中で神は「最善」のものを創造（条件においてもっとも単純で、結果においてもっとも豊富、人間の最大の福祉を産出）することを欲する、しかし㈤神の完全性は人間には一部分しか知られない、という諸原理が導きだされる。これから、神は工作者であり、彼自身の作品であることが類推され、神の完全、自由、宇宙の秩序、自然の奇跡が問題とされる。

第二の、実体の概念㈠㈡㈢からは、㈣あらゆる実体あるいは主語は(a)無時間的にすべてのそれの現実的な属性、あるいは、すべてのそれの真の述語を演繹する理由ないし根拠を含むこと、(b)実体は宇宙的秩序においてあらゆる他の実体に関係すること、㈤これらの理由とこの秩序は理由と秩序の多くの可能的体系の一つであり、かつ最善のものである（「偶然あるいは事物の存在の原理」）、それに反し神の悟性の中にある諸要素（永遠真理）は一つの必然的秩序をもつ、㈥属性が実体に属する根拠は人間には一部分しか知られないこと——が導きだされる。これから、各実体は一視点から宇宙を表現・表出することが類推される。さらにこれから、「弁別できないものは同一である」こと、実体の恒常性、実体形相、質料は単に延長ではないこと、必然と偶然、因果性、奇跡が問題とされる。

右のような体系の基本的原理から、哲学の基本的問題が神と実体に関する規定として解明される。たとえば、認識論は「神はいかにして人間の悟性に作用するか」の説明として、行為の理論は「神はいかにしてわれわれの魂を強制せずして傾動させるか」の説明として表わされる。これらの説明の基礎をなすもっとも重要な契機は、おのおのの実体は神と宇宙を表現するという、基本的アナロジーである。ライプニッツをしてはじめて彼の体系を構想するに至らせた哲学的総合の動機は、これであったであろう。

後に『モナドロジー』で、根本原理として表明される矛盾律と理由律はここでは表面に出ていないが、上述の諸原理はこれに対応する。

『叙説』の、いわば第三部（17～22）は、運動を論じ、デカルトを批評し、力学の根本原理である保存律は形而上学的な基礎づけを必要とする自然法則であること、自然哲学はスコラ哲学で言うところの「実体形相」、彼自身の術語でいえば「モナド」を要求することを論証する。デカルト学派は「運動量」と「運動力」（近代的術語ではエネルギー）を同一視するが、ライプニッツはこれに反対し、「力」は保存されるが運動量とは同一でないことを論証する。力が「運動量」と同一でないことを強調するのは、力に関しては形而上学的考察を必要とすること、物体は、力学においてすら、それの純粋に物理的な属性——「大きさ、形、運動」と別個のものをもたねばならぬことを指摘するためである。

哲学的遺書

今日『モナドロジー *Monadologie*』の名で呼ばれている著作は本来標題をもたず、「モナドロジー」という言葉自身もライプニッツ自身の用語ではなく、後人の付したものである。本文はフランス語で書かれた。ハインリヒ・ケーラーが一七二〇年にこの標題をつけてドイツ語訳し、はじめて出版した。フランス語の原典は一八四〇年にエルトマン編の『著作集』の中ではじめて公刊された。

この書もほとんどすべてのライプニッツの著作と同じく「機会の書」であって、もとライプニッツ哲学の信奉者であるフランス人ニコラ・レモンとその仲間のために書かれたものである。同一の思想内容でほぼ同じ時期に執筆されたもう一つの論文がある。これはサヴォア公ウジェーヌ(オイゲン)のために書かれたもので、『理性にもとづく自然と恩寵の原理』という題名が付せられているものがそれである。前者は学識のある人々のために自己の哲学的原理を解明したもの、後者は素人むきに自己の自然哲学と形而上学を解説したものである。後にはしばしば『モナドロジー』と混同されている。両書ともにライプニッツの最晩年のもの、死の二年前(一七一四年)の著作で、ライプニッツの哲学的遺書と言える。

『モナドロジー』の根本動機

ライプニッツは後年、自己の思想の展開を回想して、青年時代にアリストテレスの論理学を読んだとき、人間の全概念が十個の基礎概念（範疇）から成りたつことを知り、感激したと言っている。ライプニッツの思想の根本動機のすくなくとももっとも重要な一つは、ここで点火されたように思える。ライプニッツの全生涯にわたって試みた思索と計画を全体として見ると、この着想の展開・拡充・深化として統一できるであろう。もちろん、その計画は近代的規模を予想し、アリストテレスよりもさらに雄大、複雑で、それだけ困難にならざるを得ない。

ライプニッツの着想の端緒となったものは、すべての言葉がアルファベットの結合から成りたっているように、もし人類の思想のアルファベットを見いだすことができれば、それのあらゆる可能的な結合によって人類のいっさいの思想が導きだせるはずであるという構想である。あらゆる可能的な結合の中には、既知の知識が含まれているだけでなく、未知の知識が含まれ、したがって未知の真理の発見の方法にもなるであろう。それによって、人類の全知識が組織的に構成されることになる――。

この思想的動機は、ライプニッツのもっとも初期の著作『結合法論』から最後の『モナドロジー』にいたるまで、彼の生涯の全思索をつらぬく一本の赤い糸であり、ライト・モティーフである。際限なく発散的に見える彼の企図した全計画も、これによって統一される。全人類の知識を総合する「百科全書」の企画、世界中に科学アカデミーをはりめぐらして、科学的研究の連絡、統一、促進を企図するというアカデミー建設の計画、個々の民族の特殊な言語に対する普遍的な「人類の言語」の計画、それの文法学である「普遍的文法」の形成、それを記号化して、あたかも解析幾何学が図形を代数記号に置換して計算するように、すべての思想を数学的記号によって計算し得るものにする「普遍的記号法」ないし「普遍数学」の理念、等々、すべて同一のモティーフの展開にほかならない。

すべてのものを、究極的要素へと分析し、その要素からの再構成として理解しようとする機械論的思惟は、とくに近代の科学的思惟の特色である。ライプニッツの、究極的要素のあらゆる可能的結合からいっさいを包括する体系を構成しようとする方法もこれに沿うものであるが、可能性は単に矛盾を含まぬことであって、可能性はいまだ現実性ではない。現実的存在には単なる可能性とは別個の原理を必要とする。それは、存在しないことも可能であるにかかわらず、現に存在することの理由の原理である。矛盾律と別個に理由律が要求されるゆえんである。これは本質的に形而上学的な原理である。

ライプニッツは、現実的な個別的存在の原理を単なる可能性 possibilite でなく共可能性 compossibilite にみとめ、それの合理的根拠を追求する。無矛盾の調和をこえた高次の調和の原理をもとめる。それは単に善の原理でなく「最善の原理」である。ライプニッツの思想の成熟につれて、「要素」の概念も単に無内容の要素、あるいは単純素朴な物理学的な「原子」でなく、現実的存在の要素として形而上学的な「モナド」とならねばならなかった。「モナド」はギリシア語の「モナス」に由来し、究極的不可分の「一」を意味する語である。

「モナド」には窓がないか

延長を本性とする物体には、究極的不可分な要素、「一」（モナド）は存在しない。いかに小さな延長でも、およそ延長を有するかぎり常に可分的であり、より小なる延長があるからである。それでは究極的な「一」はどこにあるか。羊の群のなすごとき「一」は「偶然に一なるもの unum per accidens」であって、「それ自身によって一なるもの unum per se」ではない。数学的幾何学的な点はそれ自身によって一ではあるが、抽象的観念的な一であって、実在的な一ではない。しかし実在性をもつ一は性質をもつ一として、そのかぎり単に一でなく一にして多でなければならぬ。精神はまさにかかる一（モナド）である。精神は不可分でそれ自身によって一でありながら多を——無限な多を表出する。あたかも円の中心は点でありながら無限多の直径を含むように、精神はそれ自身一でありながら過去・現在・未来にわたる無限な表象を含み得る。精神には実在的に多が内在するのでなく、精神は多を表現・表出する一である。この「表現」「表出」représentation: expression の概念は、ライプニッツの『モナドロジー』のもっとも重要な根本概念である。

モナド（「一」）が表現・表出を本質的性質とすることは、モナドが本質的に他者とかかわりをもつことにほかならぬ。モナドのほかに実在的なものがないとすれば、モナドが表現する他者は他のモナドにほかならぬ。モナドとモナドとは、本質的に表現・表出の関係においてたがいに関係する。「モナドには窓はない」というライプニッツの文句から、モナドとモナドとが結びつく原理がなく、そのために「予定調和」なる天降りの原理――Deus ex machina が窮策として導入されたとする通常の解釈は、誤解である。モナドが表現・表出を本質的性質とするかぎり、モナドとモナドとの連結は――表現・表出的連続は本来的本質的であり、原理的に存立しているのであって、そのゆえにまさに予定調和なのである。予定調和は外面的に恣意的に導入された仮説でなく、およそモナドが存在するところに本来的に成立する必然的な関係にほかならぬ。モナドは無窓であるどころかモナドそのものが全面的に窓である。『モナドロジー』の中で「モナドには窓はない」という箇所は、「ものが出はいりする」窓がないというだけの、きわめて軽い意味で言われているにすぎない。

ライプニッツは「表出」と「表現」の区別を特説していないが、表現 représentation は他を表現することであり、表出 expression は自を表出することは字義から明らかである。これが区別せずに用いられることは、他を表現することが同時に自を表出すること（逆もまた同じ）であって、表出と表現は同一の事態の両面にほかならぬからであろう。

「精神」は実在的で、しかも究極的な「一」（モナド）である。しかしモナド性・一性にはさまざまの段階がある。ライプニッツは「裸のモナド」「単なるモナド」として動物精神を考え、人間的精神はより高次な精神であり、理性的精神として区別する。「単なるモナド」は単に表現・表出的であるが、「理性的精神」は表現・表出を意識する。前者は単に表象perceptionをもつだけであって、意識をもたない。理性的精神は表象を表象する――意識的精神である。ライプニッツはこれをperceptionから区別してapperceptionと呼ぶ。

「理性的精神」よりさらに高次のモナドとして「神」が考えられる。ライプニッツの神の概念についてはさまざまの問題がある。逆の方向に「動物精神」より次元の低い物体は、「実体」ではないが「実体的なもの substantiatum」とされる。物体もなんらかの形をもつかぎりなんらかの「一」性をもつからである。かかる「モナド」を基礎概念として構成されるものが、モナドロジーの体系である。物体はもはやそれ自身において存在する実体でなく、精神に対してあるものとして「現象」である。しかし現象は「仮象」ではない。精神は単に存在する「もの」としての実体でなく、作用を本性とする「主体」となる。この精神の概念はカントおよびドイツ観念論の基礎となり、深化、展開されることになる。

上述の解説はライプニッツの思想についての一般的注意であって、全思想の要約でも概要でもない。ここではこれで満足することにする。

凡　例

一、本書は、中央公論社刊〈世界の名著〉30『スピノザ　ライプニッツ』を底本とし、そのうちライプニッツの著作を収録した。ただし、作品の配列を変更した。

二、本文中の〔 〕は原著者の注記または補説を、（ ）は訳者の注記・補訳を示すが、「小品集」中の数式に使用される（ ）は原文のままである。

三、「モナドロジー」中の大文字で記される箇所、「形而上学叙説」のアンダーラインの箇所には傍点を付し、「形而上学叙説」のラテン語の箇所は『 』で囲った。

四、番号を付した図版・表は、訳者によるものであり、他はすべて原著にあるものである。

五、冒頭の「来たるべき時代の設計者」は、底本所載 下村寅太郎「スピノザとライプニッツ」から適宜編集した。作業に当たっては、竹田篤司氏の協力を得、字句・表記等に関し一部改めたところがある。以上につき快く御諒承下さった著作権者に御礼を申し上げる。

モナドロジー

清水富雄
竹田篤司 訳

一　これからお話しするモナドとは①、複合体②をつくっている、単一な実体③のことである。単一とは、部分がないという意味である。④

二　複合体がある以上、単一な実体はかならずある。複合体は単一体の集まり、つまり集合にほかならないからである。⑤

三　さて、部分のないところには、ひろがりも、形もあるはずがない。分割することもできない。モナドは、自然における真のアトム⑥である。一言でいえば、森羅万象《しんらばんしょう》の要素である。

四　だからここには、分解の心配がない。まして、自然的に⑦消滅してしまうなどということは、どう見てもありえない。

五　おなじ理由からいって、単一な実体は自然的に発生するわけがない。単一な実体は、部分の組合わせによってつくることができないからである。

六　そこでこう言える、モナドは、発生も終焉《しゅうえん》も、かならず一挙におこなわれる、つまり（神のおこなう）創造によってのみ生じ、絶滅によってのみ滅びる。⑧ところが複合体では、どちらの場合にも、一部分ずつ、徐々におこなわれる。⑨

七　またモナドの内部が、何か他の被造物のために、変質や変化をうけるということはありえない、どう説明しようと思ってもできない。なぜかというと、モナドのなかでは、どんなものも場所を移動させることができないし、かといってそこで、何か内的な運動を起こしたり、それを導いたり、その勢いに手加減をくわえたりすることなど、考えられないからである。そのようなことが可能なのは、部分部分のあいだで変化のある、複合体の場合にかぎられている。モナドには、そこを通って何かが出はいりできるような窓はない。⑩かつてスコラの哲学者たちが語った、あの感性的形質⑪とちがって、偶有性⑫が実体から外へ離れたり、さまよい出たりすることはできない。おなじように、実体も、偶有性も、外からモナドのなかへはいりこむことは、できないのである。

八　とはいえモナドは、かならず何か性質⑬をもっている。でないとモナドは、存在ですらない。それに単一な実体が、おのおのその性質によって異なるのでなかったら、ものごとにどんな変化が起こっても、気がつくということがない。複合体のなかで起こることは、かならず単一的な要素からきているからである。早い話モナドは、分量についても差異はないから、もし性質がないとしたら、モナドをたがいに区別することができない。したがっていま、（空間を）充実したもの⑭と仮定した場合（もしモナドに性質がないとすると）、どの位置もそれぞれ動くさい、いつも自分がすでにもっていたものと等しいものしか（相手から）うけとらないことになるから、ものの状態は、たがいに区別することができなくなってしまう。⑮

九　じっさいどのモナドも、他のすべてのモナドと、たがいにかならず異なっている。自然のなかには、二つの存在が、たがいにまったく同一で、そこに内的なちがい、つまり内的規定⑯にもとづいたちがいが発見できないなどということは、けっしてないからである。⑰

一〇　また、すべて創造された存在は、変化をまぬかれない。創造されたモナドも、同様である。

しかもその変化は、どのモナドのなかにおいても、不断におこなわれている。[18] このことについて、異論のある人はないであろう。

一一 このようなところから、モナドの自然的変化は内的な原理からきていることになる。外部の原因が、モナドの内部に作用をおよぼすことはできないからである。

一二 しかし一方、変化の原理のほかに、変化するもののなかにも具体的な内容[19]が、かならずある。いわば単一な実体を、特殊化したり多様にしたりするものが、かならずある。

一三 このような具体的内容とは、「一」すなわち単一なもののなかにふくまれている、(無限な)多のことにほかならない。[20] つまり、すべての自然的変化は徐々におこなわれるから、あるものは変化し、あるものは変化しない。[21] したがって、単一な実体には部分はないが、(無限に)さまざまな動きや関係は、かならず存在しているわけである。

一四 「一」すなわち単一な実体において、(瞬間ごとに)多をはらみ、多を表現している状態、その流れがいわゆる表象[22]である。だんだんわかってくることであるが、[23] これとアペルセプション[24]

もしくは意識とは、区別しなくてはならない。デカルト哲学の末流が、この点で大きなあやまりをおかしたのも、意識にのぼらない表象は無とみなしたからである。(25) 彼らは、人間の精神だけがモナドであって、動物の魂とか、他のエンテレケイア(26)とかは存存しないと思いこみ、(27) また、俗衆とおなじように、長い失神状態を、厳密な意味での死と混同した。そしてそのあげく、魂と体ががまったく切りはなされているとする、スコラ学者の偏見に(さかさまに)落ちこんだ(28)ばかりでなく、(そのメカニックな考えをさらにすすめて、)ものを正しく見ることのできない人たちに、魂はほろびるというあやまりをかたく信じさせるような結果にさえ、なってしまったのである。

一五　一つの表象から他の表象へ、変化や移行をひき起こす内的原理のはたらきを、名づけて欲求(29)という。もちろん欲求がはたらいても、かならずしも目ざす表象の全体に、完全に到達できるとはかぎらない。しかし、いつもその努力から何かを得て、新しい表象に達することはたしかである。

一六　われわれの意識する想念《パンセ》が、たとえどんなに微小でも、そこには対象のもつ多様性がつつみこまれている。そのことに気づいたとき、われわれは単一な実体であるはずの自分自身のなかに、多の存在を確認するのである。とすると、魂が単一な実体であることを認めるかぎり、だれしもモナド（一般）のなかにこのような多があることを、認めないわけにゆかない。またこの問題に関して、ベール君が[30]『辞典』の「ロラリウス」の項で記しているような異議は、あたらないことになる。

一七 それはそうと、言っておかなくてはならないのは、表象も、表象に依存して動くものも、メカニックな理由、つまり形や運動などをもちだしては、説明がつかないということである。もしものを考えたり、感じたり、知覚したりできる仕掛けの機械があるとする。その機械全体をおなじ割合で拡大し、風車小屋のなかにでもはいるように、そのなかにはいってみたとする。だがその場合、機械の内部を探って、目に映るものといえば、部分部分がたがいに動かしあっている姿だけで、表象について説明するにたりるものは、けっして発見できはしない。とすると、表象のありかは、複合体や機械のなかではなく、単一実体のなかでなくてはならなくなる。もう一歩すすめていうなら、単一な実体のなかには、以上のこと、つまり表象とその変化しか見ることはできない。またそれだけが、単一実体における内部作用の全部である。

一八 単一な実体、つまり創造されたモナドには、どれにもエンテレケイア[31]という名をあたえることにしてはどうであろうか。モナドのなかには、一種の完成した性質がある、一種の自足性がある。そのおかげでモナドは、自分で自分の内部作用の源になっている。いわば無形の自動機械になっているからである。

一九　いま説明したような、広い意味での表象や欲求をふくんでいるものを、のこらず魂と名づけるとすると、単一な実体、つまり創造されたモナドは、すべてこれ魂と呼んでいいが、（魂のはたらきとしての）知覚《サンチマン》は、たんなる表象以上のものであるから、ただ表象しかもたない単一な実体については、モナドとか、エンテレケイアとかいう一般的な名称で十分である。その表象がもっと判明で、記憶をともなうものだけを、魂と呼ぶべきであると思う。

二〇　たしかにわれわれは、自分自身のなかに、何も覚えていない状態、明確な表象がすこしもない状態を経験する。たとえば、気絶したり、昏々《こんこん》と眠りこんで夢ひとつ見ないような場合である。そのようなとき、魂とただのモナドとのあいだには、目だったちがいはない。しかし、この状態は長つづきせず、魂はそこからぬけだしてしまうから、やはり魂は、たんなるモナド以上のものということになるのである。

二一　しかし、だからといってそのようなとき、単一な実体にはすこしも表象がないというわけではない。それは、前にあげた理由からしても、考えられないはずであろう。なぜかというと、単一な実体は消滅することができないし、存続する以上、何か動きがなくてはならないが、その動きこそ表象にほかならないからである。ただ、いくらたくさんあっても、微小な表象ばかりで、きわだった表象がないときは、頭がぼんやりしている。たとえば、おなじ方向に何度もつづけてぐるぐるまわると、目がくらみ、気が遠くなって、ものを見わけることがすこしもできなくなってしまう。死のまぎわ、動物はしばらくのあいだこのような状態におちいることがある。

二二 さて、単一な実体の場合、現在の状態は、どれもそれより一こま前の状態から、自然的（自発的）にでてきた結果であり、したがってここでは、現在は未来をはらんでいる[32]から[33]、

二三 そこで、失神状態から目ざめたとき、すぐに自分の表象に気づくことから見ても、たとえ意識はしなくても、目のさめる直前まで表象があったことはまちがいない。じっさい表象は、自然的には別の表象からでてくるしかないのである、運動が自然的には、別の運動からでてくるしかないのとおなじように。

二四 ここからわかるとおり、もしわれわれの表象のなかに、傑出した、いうならばくっきりと

して、香りたかいところが少しもなかったら、われわれはいつまでも茫然《ぼうぜん》とした状態に、とどまっていることになるだろう。じっさいこれが、裸《はだか》のままのモナドがおかれている状態である。

二五　だからこそ自然（神）は、動物に程度の高い表象をあたえたのだ。多くの光線や空気振動をよせあつめ、それらをまとめて、より以上の効果をねらったいくつかの器官（視聴覚）が動物に恵与されているのは、その証拠である。嗅覚《きゅうかく》、味覚、触覚、またおそらくわれわれの知らない他の多くの感覚に関しても、話はおなじであろう。ところで魂のなかで起こることが、器官のなかで起こることをどのように表現するかは、のちに説明したいと思う。㉞

二六　魂には記憶によって、一種のつながりをつけるはたらきがあたえられている。㉟このはたらきは理性に似ているが、理性とは区別しなくてはならない。動物において見られるとおりであるが、何か特別に衝撃をうけたことがらの表象（知覚）をもち、さらに以前にもおなじような表象をもったことがある場合、動物は記憶の表現作用によって、以前の表象のなかでそのことがらと結びついていたものがまた起こるのではないかと予感する。そしてそのさいとおなじ感情をいだくようになる。たとえば犬に棒を見せると、犬は前に棒でうたれた苦痛を思いだし、鳴きながら逃げてゆく。

二七　強い想像力は、動物を深くうごかし、はげしく感じさせるものであるが、その強さは、以前もった表象の大きさや、数のいかんによる。じじつ強烈な印象が、長いあいだの習慣や、弱くてもくりかえしの多い、たくさんの表象とおなじ効果をいっぺんに発揮するのは、よくあることである。

二八　人間の行動も、表象と表象のあいだのつながりが、たんに記憶の原理によっておこなわれているあいだは、けだものとおなじであって、ただ経験だけがたよりで、理論のないやぶ医者に似ている。じっさいわれわれは、生活の四分の三まで、たんなるやぶ医者にとどまっている。たとえば明日も夜が明けるだろうと予測するのは、やぶ医者としての行動で、いままでいつもそうだったからというにすぎない。それについて理性にもとづいた判断をくだすことができるのは、天文学者だけである。

二九　しかし、われわれ人間は、必然かつ永遠の真理を認識することができるから、その点で、たんなる動物とはちがっている。理性や知識を身につける、自己を知り、神を知るところまで高められる。いわゆる理性的な魂、つまり精神とは、われわれのうちにあるこのようなものを指すのである。

三〇　われわれはまた、必然的真理の認識や、そこにいたるさまざまな抽象作用を通じて、反省という行為にまで高められる。これが私と呼ばれるものを考えさせ、私のなかにある、これとかあれとかを考えさせる。このように、自分自身について考えるところから、存在、実体、複合体、非物質的なもの、さらには神そのものについてまで考えるようになるのである。[36]（なぜ神そのものについてまで考えるようになるかというと、）人間にあって制限されているものが、神にあっては無制限であることを理解するからにほかならない。要するに、このような反省という行為が、われわれの思考のはたらきの主たる対象をあたえてくれるわけである。

三一　（話はかわるが）われわれの思考のはたらきは、二つの大きな原理がもとになっている。一つは矛盾の原理で、これによってわれわれは、矛盾をふくんでいるものを偽と判断し、偽と反対なもの、すなわちそれと矛盾するものを、真と判断する。[37]

三二　もう一つの原理は、十分な理由の原理である。これによると、AがなぜAであって、A以外ではないかということを、十分にみたすにたる（究極的な）理由がなければ、どんな事実も真ではない、存在もできない。またどんな命題も、正しくないということになる。[38] もっともこのような理由は、十中八九、われわれには知ることができないのであるが。

三三 真理にも二種類ある。思考の真理と、事実の真理の二つである。[39] 前者は必然的で、その逆はありえない。後者は偶然的で、逆もまた可能である。真理が必然的である場合、分析によって、その理由を見つけることができる。つまりその真理を、だんだんにもっと単純な観念や真理に分解してゆくと、最後にいちばん原初的な観念や、真理[40]にまで到達する。

三四 というわけで、数学者の場合についていうと、理論上の定理も応用上の規範[41]も、分析によって、定義や公理[42]や公準[43]に還元される。

三五 そして最後に、定義することのできない、単純な観念がある。また、証明することもできず、その必要もない公理や公準、一口でいうと、原初的な原理がある。[44] これらは自同的命題[45]で、その逆は、明白な矛盾をふくんでいる。

三六 しかし十分な理由は、偶然的真理である事実の真理のなかにも、かならずある。すなわち、被造物の世界にゆきわたった、もののつながりのなかにもかならずある。その場合、自然の事物の多様さは無限であり、物体は無限にわけることができ（かつ、わけられてい）るから、個々の理由に分解してゆくと、こまかくなるばかりで、際限がない。（たとえば）過去、現在の形や運動が無限にあって、それがいまこの作品を書いている、わたしの動力因をつくっている。また、わたしの魂には、過去現在にわたる微小な傾向や気分が無限にあって、それがわたしの目的因をつくっている。㊻

三七　ところでこのような細部には、きまってそれに先だつ、ないしはもっと細緻《さいち》な他の偶然的要素がふくまれているから、その一つ一つについて理由を明らかにするとなると、またおなじような分析が必要で、どこまでいっても、すこしも進んだことになりはしない。そこで十分な理由、すなわち最後の理由は、このような偶然的要素の細部がたとえどんなに無限でも、結局そのつながりや系列の外になければならないわけである。㊼

三八　とすると、ものの最後の理由は、かならず一つの必然的実体のなかにある。それは泉に似ていて、さまざまな変化の細部を、もっぱら優越的に㊽ふくんでいる。その実体を、わたしは神と呼ぶのである。㊾

三九　さてこの実体は、そのような細部全体をみたす十分な理由であり、かつこの細部は、たがいにいたるところで関係をもちあっている。だから、神は一つしかない、また、この神だけで十分（な究極的理由）である。㊿

四〇　さらにこう考えられる。この最高の実体は、ただ一つの、普遍的必然的な実体で、何ものもこれから離れて独立しているものはない、またこれは、可能からただちに現実に転ずることができる存在であるから、限界がない。可能なかぎりの実在性51が、かならずふくまれている。

四一　ここから、神は絶対的に完全であるということになる。完全性とは、有限な被造物における限界や制限をないものとして、純粋に考えた、積極的実在性の大きさのことである。だから限界のないところ、つまり神においては、その完全性は絶対的に無限である。

四二　そこからまた、被造物の完全性は神のはたらきのおかげであるが、不完全性のほうは、限界をまぬかれない被造物自身の固有な本性のためということになる。じっさい、被造物と神とのちがいは、そこにある。

四三　また神が、現に存在しているものの源泉であるだけでなく、本質の源泉であることもたしかである、この場合本質とは、実在的な本質、ないしは可能性のなかにある、実在的なものの意味である。なぜかというと、神の悟性は永遠真理や、その真理のもとになっている観念のすみかだからで、もし神がなかったら、可能性のなかに実在的なものは一つもなくなってしまうし、存在するものだけでなく、可能的なものまでもうしなわれてしまうからである。

四四　じっさいもし、本質つまり可能性のなかとか、永遠真理のなかとかに実在性があるとすると、その実在性は、かならず何か現実に存在するものにもとづいている。本質が現実存在をふくんでいるところの、言いかえれば、現実的であるためには可能的でありさえすればいいところの、必然的存在があるということに、かならずもとづいている。

四五　というわけで、神〔すなわち必然的存在〕だけが、可能的ならば現にかならず存在するという、この特権をもっている。制限も、否定もふくまず、したがって矛盾もふくまないものの可能性をさまたげるものはないから、可能性という点だけで十分、神の存在はア・プリオリ[52]に知ることができるのである。われわれはそれを、永遠真理の実在性によっても証明した。[53]

しかしさきほどは、この証明をア・ポステリオリにもおこなっている。[54] じっさい偶然的なものは、存在しているとはいえ、その最後の理由つまり十分な理由を必然的なもののなかにしかもたないが、必然的なものは、その存在の理由を、自分自身のなかにもっているからである。

四六　とはいえ一部の人たちのように、永遠真理は神にゆだねられているから、任意的なものであり、神の意志のままになると想像しては、困るのである。デカルトはそのように考えたらしい。[55] またのちにはポワレ君[56]が、その意見にしたがっている。しかしこのことは、偶然的真理にしかあてはまらない。偶然的真理の原理は、(神における目的と行為との)適合、つまり、最善のものの選択ということである。ところが必然的真理(永遠真理)は、もっぱら神の悟性のなかに宿り、その対象になっている(から、神の意志には左右されないわけである)。

四七　そこで神だけが、原初的な「一」、つまり本源的な単一実体で、創造されたモナド、つまり派生的モナドはすべてその生産物にほかならない。これらのモナドは、いわば時々刻々、神の身から不断に放射されている閃光《せんこう》[57]によって生みだされるが、本性上有限な被造物のならいとして、(神のささえを)うけなければ生きてゆけないということが、モナドの立場を制限しているわけなのである。

四八　神のなかには、万物の源泉である力と、多様な観念をふくんでいる知性と、常に最善を選ぼうとする原理にしたがって、変化や生産をひき起こす意志がある。[58] この三つは、創造されたモナドのなかにある三つのもの、すなわち主体つまり基礎と、表象の能力と、欲求の能力に対応している。しかし神の場合、これらの属性は絶対的に無限であり、完璧であるが、エンテレケイア〔ヘルモラウス・バルバルス[59]の訳語によると、ペルフェクティハビエス[60]〕であるところの創造されたモナドにおいては、その完全性の度合に応じて、前者の模倣があるにすぎない。

四九　(話かわって) 被造物は、(相手よりも) 完全性をもっているかぎり、外部に作用をおよぼすが、不完全な場合には、他の被造物から作用を受けると (いちおうは) いうことができる。だからモナドに、判明な表象のあるかぎり、そこに能動作用が認められるが、錯雑《さくざつ》した表象の場合には、受動作用が認められることになるのである。[61]

五〇　ある被造物のなかに、他の被造物に起こることの理由をア・プリオリに説明するのに役だつものがあれば、前者は後者よりも完全である。一方が他方に作用をおよぼすというのも、この意味でいうのである。[62]

五一　しかし単一な実体の場合、あるモナドが他のモナドにおよぼす作用は、たんに観念的《イデアル》なものであって、それも神の仲だちがなければ、効果をもつことはできない。つまり天地創造のはじめ以来、神の所有する観念のなかで（それぞれ位置づけられた）各モナドが、ほかのモナドばかりかまわずに自分のことも考えてもらいたいと、神にむかってめいめい要求をだすわけなのである。この要求は、無理もない。なぜかというと、創造されたモナドが、他の創造されたモナドの内部に実質的《フィジック》な影響をおよぼすことはできないので、一方が他方とたがいに依存関係をもつためには、この方法によるしかないからである。[63]

五二　というわけで、被造物のあいだの能動と受動のはたらきは、相互的である。じっさい、二つの単一な実体を比較したとき、神はそれぞれのなかに、一方を他方に対応させざるをえないような理由を発見する。したがって、ある点では能動的なものも、別の観点から見れば、受動的である。Aにおいて判明に知られるものが、Bのなかで起こることの理由を説明するのに役だっているかぎり、Aは能動的、Aのなかで起こることの理由がBにおいて判明に知られるもののなかにあるかぎり、Aは受動的なのである。[64]

五三　ところで、神のもっている観念のなかには、無数の可能な宇宙があるが、現実にはただ一つの宇宙しか存在することができないから、あれではなく、これを選ぼうと神が決心するためには、それなりの十分な（究極的）理由がかならずある[65]。

五四　そしてその理由は、（神における目的と行為との）適合、すなわち、これらの世界がふくんでいる完全性のうち、どれがいちばんすぐれているかということのなかにしかない。すべて可能的なものは、それぞれ内につつんでいる完全性の度合に応じて、存在を要求する権利がある（ということが、神の選択の前提になっている）わけである。

五五　これこそもっとも善い世界が、現に存在している理由である。神はそれを知恵によって知り、善意によって選び、力によって生みだす[66]。

五六　ところでこのように、すべての被造物が、おのおのの被造物と、またおのおのの被造物が他のすべての被造物と、結びあい、対応しあっている結果、どの単一実体も、さまざまな関係をもっていて、そこに他のすべての実体が表出されている。だから単一実体とは、宇宙を映しだしている、永遠の生きた鏡なのである。

五七　おなじ町でも異なった方角から眺めると、まったく別な町に見えるから、ちょうど見晴らしの数だけ町があるようなものであるが、同様に、単一な実体の無限の数を考えると、おなじ数だけのあい異なった宇宙が存在していることになる。[67] しかしそれは、ただ一つしかない宇宙を、各モナドのそれぞれの視点から眺めたさい、そこに生ずるさまざまな眺望にほかならない。

五八　このようにして、できるかぎり多くの変化が、しかもできるかぎりりっぱな秩序とともに、手にはいるわけなのである。言いかえるなら、できるかぎり多くの完全性が、手にはいるわけなのである。

五九　だから神の偉大さに、非のうちどころのない讃詞をおくるには、この仮説〔すでに証明ずみと言いたい〕をおいてない。このことはベール君も、（いちおうは）承認した。なるほどその『辞典』〔「ロラリウス」の項〕のなかで述べている反対論の勢いでは、彼はわたしが神にたいして、あまりにも多くのこと、可能以上のことを認めすぎているとさえ言いかねない。しかし、どの実体も他のすべての実体を、（自分と相手とに）あたえられた関係にしたがって、厳密に表出するようにはかっているこの普遍的調和がなぜ不可能であるかという理由を、ベール君は一つもしめすことができなかった（から、彼はわたしの仮説を承認したのもおなじである）。

六〇　とにかく、いまお話ししたところから、なぜものごとの起こるのがこうであって、それ以外ではないかということの、ア・プ・リ・オ・リな理由がわかる。というのも、神は全体を統治するかたわら、おのおのの部分、つまりくわしくいえば、おのおののモナドについても心にかけているからであり、また、モナドは表現ということが本性であるため、何ものもそれに制限をくわえて、事物の一部分しか表現しないようにすることはできないからである。もっともこの表現作用も、宇宙全体の細部では、錯雑したものであって、判明なのは事物のごく小部分においてにすぎない。つまり、おのおののモナドにたいする関係から見て、いちばん近いもの[68]とか、いちばん大きなものとかの場合にすぎない。でないと、どのモナドも神になってしまう。つまりモナドが制限をうけているのは、その対象についてではなく、対象を認識するさまざまな仕方においてなのである。どのモナドも、錯雑した仕方ではあるが、みな無限へむかい、全体へむかっている。[69]しかし、それぞれ制限をうけていて、表象の判明さの度合に応じて、区別されている。

六一　そしてこの点において、複合体は単一体と合致している。というのは、（世界の）すべてが充実しているから、どの物質もつながりをもちあっているし、しかもこのような充実体のなかでは、どの運動もみな距離に応じて、遠くへだたった物体になにがしかの影響をあたえるものだからである。したがって、任意の物体Aは、それに接している物体Bから影響をうけ、物体Bに起こるすべてのできごとを、ある程度まで感知するだけでなく、自分が直接ふれている物体Bを通じて、別にBに接している物体Cのなかに起こるできごとまで感ずることができるのである。その結果、このようなつながりは、どんなに遠いところへもおよぼされることになる。というわけで、どの物体も、宇宙のなかで起こるすべてのできごとを感知するから、仮になんでも見える人がいるとすると、その人の目には、各物体のなかのあらゆるところでいま現に起こっていることがらだけでなく、いままで起こったこと、これから起こるであろうことまで読みとることができるわけなのである。時間的、空間的に遠くはなれているものを、現在のなかに認めることができるわけなのである。「スベテガイッショニ呼吸シテイル」(70)と、ヒポクラテス(71)は言った。しかし魂が、自分自身のうちに読みとることができるのは、そこに判明に表現されているものにかぎられている。魂は自分のひだを一挙に開いてみるわけにゆかない、そのひだは、際限がないからである。

六二　というわけで、創造されたモナドはどれも全宇宙を表現しているが、特別にそのモナドのためにあてられていて、そのモナドを自分のエンテレケイアにしている物(肉)体を、より判明に表現する。そして充実したもののなかでは、あらゆる物質が結びあっているから、この物（肉）体において全宇宙が表出されていることになるが、魂は、特有の仕方で自分に属しているこの物（肉）体を表現することによって、同時に全宇宙を表現するわけなのである。[72]

六三　モナドに属して、そのモナドを自分のエンテレケイアや魂にしている物体は、エンテレケイアといっしょになって、生物[73]と呼ばれるものを構成する。また魂といっしょになると、いわゆる動物を構成する。ところで、この生物や動物の体は、常に有機的である。どのモナドも、それぞれ宇宙を自分流に映しだしている鏡であり、かつ宇宙は、完全な秩序にしたがってととのえられているから、それを表現するものの側にも、秩序はかならずあるのである。つまり魂の表象や、したがってまた、魂が宇宙を表現するさいその手段になっている体のなかにも、秩序はかならずあるのである。

六四　だから、生物の有機的な体は、どれもいわば神の機械か、ある種の自然の自動体なのであって、人工のどんな自動体よりも無限にすぐれている。なぜかというと、人間の手になった機械は、その部分の一つ一つまでは機械ではない。たとえば、真鍮《しんちゅう》でつくった歯車の歯は、部分とかかけらとかになれば、もうわれわれの目には人工のものとはいえないし、歯車本来の用途から見ても、もはや機械らしいところはすこしもない。ところが自然の機械、つまり生物の体は、それを無限に分けていってどんなに小さな部分になっても、やはり機械なのである。これが自然と人工、つまり神のわざとわれわれの仕事とのちがいである。

六五　そして自然の創造者（神）は、このかぎりもなく微妙なわざを、もののみごとにやってのけた。といえるわけは、物質のどの部分も、古代の人たちが認めたような無限分割の可能性を秘めているだけではなく、現実におのおのの部分が、また多くの部分にと、どこまでもはてしなく細分されていて、(74)しかも、その一つ一つの部分が、それぞれみな固有の運動をおこなっているからである。でなければ、物質のどの部分も、宇宙全体を表出することができるとはいえないだろう。

六六　そこから、物質のどんなに小さな部分にも、被造物、生物、動物、エンテレケイア、魂が、たくさんふくまれていることがわかる。

六七　物質のどの部分も、草木のおい茂った庭園か、魚のいっぱい泳いでいる池のようなものではあるまいか。しかも、その植物の一本の枝、その動物の一個の肢体、そこに流れている液体の、一滴のしたたりが、これまたおなじような庭であり、池なのである。

六八　庭の草木のあいだにはさまれた地面や空気、池の魚のあいだによどんでいる水、これらは植物でも魚でもないが、じつはやはり植物や魚をふくんでいる。ただたいていは、あまりにも微細なので、われわれの目にはわからないだけである。(75)

六九　だから宇宙には、荒廃のたたずまいも、不毛のしるしも、死の影もまったくない。混沌も混乱もない。そう見えるのは、うわべだけである。いくらか離れて眺めると、池の魚を一匹一匹見わけることができなくて、魚のむれのうようよした動きだけ、要するにそのうようよだけが、目に映るようなものであろう。

七〇　そのようなところから、どの生物の体にも、おのおのそれを支配するエンテレケイアがあり、動物の場合、それは魂であることがわかる。しかし同時に、その体のどの部分にも、他の生物、植物、動物がみちていて、そのおのおのが、またそれを支配するエンテレケイア、ないしは魂をもっていることもわかる。

七一　けれども一部の人たちのように、わたしの思想を誤解して、魂にはそれぞれ固着の、つまり永遠に自分のためにふりあてられている、物質の塊《かたまり》や部分があるなどと、考えては困る。魂は、いつでも自分に役だってくれる、他の下等な生物を所有しているのだなどと、考えては困る。物体[76]はみな、川のなかにあるように、永遠に流れていて、ある部分がそこから出たかと思うと、ある部分がそこへはいったりする。そのようなことがたえずおこなわれているからである[77]。

七二　というわけで魂は、自分の体をとりかえるのに、かならず徐々に、またたんだんにおこなうから、その全器官をいっぺんに失うことはけっしてない。動物の場合、変態はめずらしくないが、生まれかわり《メタンプシコーズ》[78]、つまり魂の転生は断じてない。また、体とまったく切りはなされた魂とか、体のない精霊などというものもない。ただ神だけが、肉体から完全に解きはなたれている。

七三　だからまた、完全な新生もないわけだし、厳密な意味での完全な死、つまり、魂が体から離れるところに成りたっている死もないのである。ふつう発生と呼んでいるのは、「外へひろがること」であり、増大のことであるにすぎない。死といっているものも、「内へすぼまること」であり、減少のことであるにすぎない。

七四　形相とか、エンテレケイア、もしくは魂の起原を説明するのに、哲学者たちは頭をかかえた。しかし今日、植物、昆虫、動物などに関する精密な研究がすすんだおかげで、われわれは自然の有機体がけっして混沌《カオス》や腐敗から生まれるのではなく、かならず種《たね》によるということ、しかもそのたねのなかには、かならず何かあらかじめ形づくられたもの(79)が、ふくまれていることに気づいたのである。そこから、たんに有機体だけでなく、その体内にある魂とか、一言でいえば動物そのものが、すでに受精以前にたねのなかにあるのであって、受精作用は、動物が大きく変形し、別種の動物になるための下準備にすぎないという考えがでてきた。なお、似たようなことが、蛆《うじ》が蠅《はえ》になったり、毛虫が蝶になったりするような、発生以外の場合にも見ることができる。

七五　ある種の動物では、受精によってそのうちの少数だけが、もっと大きな（偉大な）動物の位にまで昇進する。その（ある）種の動物は、精子的動物と名づけることができる。一方、精子的動物のなかで従来の種にとどまっているもの、つまり大部分のものは、大きな動物とおなじように、（同一の舞台のうえにおいて）生まれ、殖《ふ》え、そして滅びる。少数の選ばれたものだけが、もっと大きな舞台のうえに移ってゆく。

七六　けれどもこれは、真理の半面にすぎなかった。すでにわたしは、動物がけっして自然的には生じないなら、自然的に滅びることもない、また、完全な発生がないだけでなく、完全な消滅も、厳密な意味での死もないと考えたはずである。この推論は、ア・ポステリオリに、つまり経験から導きだされているが、最初わたしがア・プリオリに演繹《えんえき》した原理[80]と、完全に一致する。

七七　そこで魂だけでなく「魂は、滅びることのない宇宙の鏡である」、動物そのものもまた不滅であるということができる。もっともその体の機械が、部分的に死滅して、有機的な皮がとれたりできたりすることはよくあるが。

七八　以上の原理のおかげで、魂と有機的な体との結びつき、もしくは一致ということが、からくりなしに説明できるようになった[81]。魂には魂自身の法則がある、体にも、体自身の法則がある。それでいて両者が一致するのは、あらゆる実体のあいだに存在する予定調和[82]のためである、そしてその調和が可能なのは、どの実体も、みなおなじ一つの宇宙の表現にほかならないからである。

七九　魂は目的因の法則にしたがい、欲求や目的や手段によって作用する。物体は動力因の法則、つまり運動の法則によって作用する。しかもこの二つの領域、目的因の領域と動力因の領域は、たがいに調和しあっている。

八〇　デカルトは、物質のなかの力の量が常に一定であるところから、魂が物体に力をあたえるわけにはゆかないことを認めた。しかし魂が、物体の方向を左右することはできると信じていた。がそれは、彼の時代が、物質（の力）における同一方向（相互）の全体的な均衡[83]という一歩すすんだ自然法則を、まだ知らなかったからである。もしデカルトがこの法則に気づいていたら、わたしの予定調和説に同意したであろうと思う。

八一　この説でいけば、物（肉）体は魂がないかのように〔じっさいには不可能であるが〕作用し、魂は物（肉）体がないかのように作用する。しかもどちらも、おたがいに作用しあっているかのように作用する。

八二　ところで、精神つまり理性的魂についていえば、いまお話ししたことがらはじっさいどんな生物や動物にもあてはまると思うが〔つまり、動物も魂も世界とともにしか生ぜず、また、世界とともにしか滅びないという点〕、理性的動物の場合やはり特殊なところがあるのであって、それらのもつ微小な精子的動物が精子的動物にとどまっているかぎり、そこにはふつうの魂つまり感覚的な魂しかない。しかし、そのなかのいわば選ばれたものが、じっさいに受精をとおして、人間の本性をもつようになると、その感覚的魂も高められ、理性の段階、すなわち（次に述べるような）精神という特権的な状態にまで達するのである。

八三　ふつうの魂と精神とでは、ほかにもいろいろちがいがあって、そのいくつかについてはすでに指摘したが、さらにまだ次のようなちがいもある。つまり一般的に魂は、被造物から成りたっているこの宇宙の生きた鏡とか、似姿であるが、精神はさらにすすんで、神そのもの、自然の創造者そのものの似姿である。したがって宇宙の体系について知ることも、また、神が宇宙を建築したさいの図面をたよりに、そのいくぶんかをまねすることもできるから、精神はどれも自分の領分のなかにおける、小さな神のようなものである。

八四　このようにして精神は、神と一種の共同関係にはいることができる。だから、精神にたいする神の関係は、たんに機械と発明者との関係ではなく〔神と精神以外の被造物との関係のように〕、君主と臣下、いやむしろ父と子の関係なのである。

八五　とすると、すべての精神が集まれば、そこにかならず神の国(84)、つまりもっとも完全な君主が統治する、可能なかぎり完全な国家がつくられるという結論がすぐにでる。

八六 この神の国、この真に普遍的な王国こそ、宇宙のなかにある道徳的世界である。神の作品のなかにおいても、これはもっとも高く、もっとも神に近い。神の栄光も、まさしくここに宿っている。もし神の偉大さと善意とが、精神によって認められ、讃美されるのでなかったら、神の栄光はないにひとしいからである。また、神の知恵や神の力は、どこにでもしめされているが、神がほんとうに善意をもってたいしているのは、この神の国をおいてない。

八七 さきほど、自然における二つの世界、つまり動力因の世界と目的因の世界とのあいだに、完全な調和があることをたしかめた(85)が、さらにここに、自然の物理的世界と、恩寵の倫理的世界、つまり宇宙というからくりの建築者として見た神と、精神の住む神の国の君主として見た神とのあいだに、もう一つ別の調和があることを認めないではいられない。

八八 このような調和の結果、万物はまさに自然という通路をとおって、恩寵にまでいたる。あるものを罰し、あるものに賞をあたえようとして、精神の統治者が心をうごかすたびごとに、たとえばこの地球が、自然的な方法によって、かならず破壊されるのである。また、かならず修復されるのである。[86]

八九　さらにいうなら、建築者としての神は、何事につけても立法者としての神を満足させる。だから罪は、かならず自然の秩序によって、あるいはさらに、もののメカニスムをとおして、その刑罰をせおうのである。またおなじように徳行も、体にたいするメカニックなやりかたで、その褒賞《ほうしょう》を得るのである。もっともこのことは、いつでもすぐに起こるとはかぎらないし、すぐに起こらなければならないともかぎらない。

九〇　さて最後に、この完全な統治のもとでは、善行にはかならず賞がある、悪行にはかならず罰がある。善い人々にとっては、すべてがかならず善い結果となって終わるのである。そのような人たちとは、この偉大な国にあって、不平や不満をいだかない人である。自分の義務をはたしたうえは、神の摂理に信頼している人である。あらゆる善の創造者（神）を、こよなく愛し、かつ模倣している人である。愛する者の幸福に喜びを感じる、あの真に純粋な愛の本性にしたがって、神のもつさまざまな完全性をうち眺め、心たのしませている人である。こう考えるところから、賢明で有徳な人たちは、神の意志をおしはかり、つまりその意志に先だって、それにかなうと思われることがらを何事につけても実行する。しかし（個々のことがらに関しては）、推察することができなくても、いったんその意志が実現し、決定的な結果となってしめされた場合には、喜んでそれに満足する。もしわれわれに宇宙の秩序を十分に理解する力があれば、この秩序は、いかなる賢者のいかなる願いをあわせたよりももっとすぐれたものであって、それを現実の状態より、さらによい状態にすることは、不可能であると考えるにちがいないという認識が、ここにはたらいているのである。そしてその（現実が最善であるという）ことは、たんに一般的な意味における全体について、あてはまるだけではない。万物の創造者にたいし、われわれの当然もつべき結びつきが、たんに建築者、つまりわれわれの存在の動力因としての結びつきだけでなく、われわれの主君として、つまりそれ自身、まごうことなく人間の意志の全目標となり、かつそれのみが、人間に幸福をもたらしてくれることができる目的因としての結びつきであるならば、われわれのひとりひとりに関しても、（現実が最善であるということは）やはり変わりないのである。

（1）「形而上学叙説」では、個体的実体、実体形相などと呼ばれていたものが、ここではモナドと呼ばれるにいたった。そのいきさつについては、六二ページ注（2）参照。

（2）物体をさす。

（3）モナドはギリシア語モナス μονάς からきたことばであり、モナスとは「一」または「単一なるもの」の意味である。

（4）モナドは精神的な意味の単一者であり、非延長的なものであるから、全体―部分の関係ではとらえられない。

（5）モナドは精神的な意味の単一者であるから、それが集まって物体（延長体）ができるとは考えられない。むしろモナドは物体の統一力であり、物体を物体たらしめている統一原理であると考えられる。複合体が単一体の集合であるとは、無限に分割される各物体が固有の統一原理にささえられていることである。この統一原理が表象と欲求（一四、一五節）に示され、それが力学の一般的原理（「形而上学叙説」18）にもなっている。
（6）アトムはギリシア語アトモス ἄτομος に由来し、不可分者の意。古代のデモクリトスなどによって、その存在が主張された。
（7）六九ページ注（6）参照。
（8）カトリック教会の教説。
（9）七一節参照。
（10）モナドがたがいに直接作用しあうことはないからである。
（11）一二〇ページ注（2）参照。
（12）六八ページ注（1）参照。
（13）さまざまな傾向を中にふくんで持続している状態をさす。
（14）空虚なところがすこしもなく、どこまでも一様にひろがった第一質料の世界。第一質料は純粋な受動的力の世界であり、抵抗の原理をふくむ。これに純粋な能動的、精神的な力が加わって、第二質料が生ずる。それがいわゆる物体である。この考え方はアリストテレスに由来し、デカルトも物体論、運動論の基礎に第一質料を考えた。ライプニッツはこの点では彼に同意するが、彼のようにたんに幾何学的、機械論的な物体論では運動の主体が定められないと考える。

(15) これは運動の主体をきめる問題に関係している。いくつかの物体がたがいにその位置を変える場合に、延長ということを念頭においてその変化を考えるだけならば、等しい量が置きかえられるだけになり、運動は相対的にすぎなくなる。そうなると、どの物体が運動し、どの物体が静止しているかをきめることはできなくなる。
(16) モナドの性質または固有の持続状態を表わす規定。
(17) これを「不可弁別者同一の原理」という。六六ページ注(3)参照。
(18) この個体の変化は、神の側からの動きに対応している。可能的なものが神の悟性の中で現実化への要求をふくんでいる(五四節)のに応じて、神がその力、知識、意志によって現実を成立させた(四八節)。そこで、現実を成立させようとする神の動きに応じて、各個体の中に動きが出てくることになる。
(19) 各実体にふくまれている無限多の内容。この内容によって、各個体の固有性が成立する。
(20) 個体に成立する具体的内容はいずれも、他の個体の具体的内容と応じあっているので、各自が無限多をふくむことになる。
(21) 連続の原理を暗示している。
(22) **perception.** この節の「表現する représenter」や次節の「欲求 appétition」は、「形而上学叙説」の「表出」とともに、ライプニッツ哲学のもっとも基本的な用語。表象は、モナドの本性が表現にあることを示している。モナドが表象をもつとは、無数のモナドがたがいに厳密な対応関係をもち、おのおのの一が内に多をふくみつつ持続することにほかならない。六九ページ注(5)参照。
(23) 二〇〜二四節。

(24) **aperception.** いわゆる意識である。これは、表象の特別な場合にすぎない。ライプニッツの場合アペルセプションは、明瞭な意識と自己意識という二つの意味をふくんでいる。そしてこの後者が、後にカントの哲学で重要な意義を発揮することになる。

(25) これは「意識にのぼらないが表象をもつ場合」のあることを、暗示している。この考えは、現代の精神分析学や深層心理学につながるものである。

(26) 三九ページ注(31)参照。

(27) 動物は理性や精神をまったくもたないというのが、デカルトの考えである(『方法序説』第五部)。

(28) 魂と体とを分離させることによって、スコラ学者は魂の優位を強調したが、逆にデカルト哲学の末流には、体のメカニスムを魂にまで適用できると思いこむ者が現われた。

(29) 一つの表象から他の表象へむかう傾向である。表象という語が広範囲の含蓄をもつのに応じて、欲求も広い意味をふくんでいる。「運動の主体をきめるもとになるものとして物体に認められるべき、精神類似のはたらき」、動物の欲望、人間の意志などが、みなこの欲求概念にふくまれる。

(30) 一六四七〜一七〇六。フランスの哲学者。のちにオランダに移住し、『歴史的批評的辞典』を著わした。動物精神に関するロラリウス(一四八五〜一五六六)の著書を、『辞典』で紹介するかたわら、ライプニッツの『実体の本性と交通、ならびに精神物体間の結合に関する新説』に論評を加えたことから、論争が展開された。その予定調和説がすぐれたものであることを認められながら、証明困難なものと見なされ、単一な実体のどこに多様な変化が見いだされるか、と批評されたライプニッツは、それは精神の表現的本性からくる、つまりあらゆる部分が対応関係をもっている世界の中で、精神が自己の体の中に起こるのを表現することから生ずる、と答えた。

(31) アリストテレスの用語。形相が質料と結びついて自己を実現、完成してゆく、それがエンテレケイアである。ライプニッツはそこに力の本性を認めた。ただ、アリストテレスの場合とちがって、さまたげられないかぎり実現にいたるところに、力の本性がある(『実体の本性と交通、ならびに精神物体間の結合に関する新説』草稿)。

(32) 各実体に生ずることは、他のあらゆる実体の状態と対応関係を保ちながら、実体自身の奥底から次々と生まれてくるから、各実体は、全宇宙にすでに起こったことの理由も、これから起こることの理由も、すべてふくみながら持続することになる。その意味で、現在は過去をも未来をもふくむ。キルケゴールはこの点に注目し、「ライプニッツは反復の思想を予感していた唯一の近代思想家である」(『反復――実験心理学の試み』の冒頭)と見ている。

(33) この文章は次の節にかかっている。

(34) 六一、六二、七八節参照。

(35) 観念と観念とを結びつけるはたらき。

(36) 神の悟性と人間の悟性とが質をおなじくするところから、必然的真理を知ることにおいて、神と人間とのあいだに通路が与えられる。それが自己を知り、反省するきっかけである。そして自己自身が一つの実体であるということの自覚から、自己以外のものについての考察が生じてくる。その意味で、自己を知ることは実体論の出発点である。

(37) 矛盾の原理は、「同一のものについて、同一のことを、肯定すると同時に否定することはできない」ということを示す原理であり、「AはAならざるものではない」という形で示される。これと表裏の関係にあるのが、同一の原理である。そこで真理について、同一の原理は肯定面を、矛盾の原理は否定面を示すということができる。

(38) この原理は、彼の若いころから一貫して探究され、「形而上学叙説」13ではっきりした形をもって示されたものである。なお、「小品集」に収めた「事物の根本的起原」参照。

(39) 二種の真理と二種の原理との関係についていちおう考えられるのは、矛盾の原理が思考の真理(必然的真理)を支配し、十分な理由の原理が事実の真理(偶然的真理)を支配するということである(「形而上学叙説」13)。しかし他の著作では、「二つの原理が必然的真理だけでなく偶然的真理にもおこなわれる」と説いているところもある。神が多くの可能的世界の中から最善なものをえらびとるところに現実の世界が成立したこと、必然的真理は可能的世界の真理であり、偶然的真理は現実の世界の真理であること、これらを考えあわせれば、偶然的真理の究極的な源は必然的真理にもとめられ、十分な理由の原理は矛盾の原理に帰着することになる。

(40) 一一六ページ注(3)参照。

(41) **canon.** 数学の問題を解くのに役だつ諸規則。算数の四則はその一つである。

(42) **axiome.** 他の命題からは論証されない直接的真理として承認され、しかも他の命題の前提となる根本命題。

(43) **demande.** 公理に準ずる根本命題。エウクレイデス(ユークリッド)では公理と区別されていたが、後にはこの区別がされないことも生じた。

(44) この見地から見ると、いわゆる公理や公準についても、それがはたして厳密な意味で公理、公準となっているかどうかを検討することが必要となる。ライプニッツは、エウクレイデスの『ストイケイア』で述べられている公理や公準の、証明を試みた。公理を証明しようとする努力から、学問の新しい道が開かれるということは、彼の強調してやまないところであった。
(45) 六七ページ注(8)参照。
(46) 因果律の支配をうける動力因の系列と、自由意志のはたらく目的因の系列とが並存し、応じあっている。七九節参照。
(47) 神は最高の必然的実体である(三八節)が、実体であることには変わりはない。その意味で、神以外の実体と神とは連続しているはずである。だから神が神以外の実体系列の外にあるというのは飛躍した話であり、矛盾したことになる。しかしこの矛盾は、実体の一つとしてのライプニッツ自身が神の問題をたんなる体系の問題としてあつかっていたという暗黙の前提のもとに指摘されることが多い。神を実体系列の外に位置づけていることは、一つの実体としてのライプニッツ自身の深いキリスト教信仰を表白したものと考えることもできる。このように、一つの実体としてのライプニッツ自身をどう解釈するかによって、話がだいぶ変わってしまう。
(48) 一四二ページ注(1)参照。
(49) これは、アリストテレスが原動者としての神の存在を証明したやりかたに似ている。『形而上学』第四巻第八章、第一二巻第七章参照。
(50) 結果から原因をもとめてゆき、究極原因としての神が存在することを証明するのが宇宙論的証明であるがそういう証明がここでおこなわれている。
(51) **réalité**. 完全性とほぼ同義のことば。五〇ページ注(1)参照。
(52) 今日、ア・ポステリオリ **a posteriori** は「後天的」、ア・プリオリ **a priori** は「先天的」と訳されるのがふつうであるが、ライプニッツの時代には、前者は結果から原因へむかうことを意味し、後者は原因から結果へむかうことを意味した。

(53) 四三、四四節。

(54) 三六〜三九節。

(55) 神の悟性と人間の悟性について、デカルトは質のちがうものと見ているのにたいして、ライプニッツは質を同じくするものと見ている。

(56) 一六四六〜一七一九。フランスの神秘思想家。はじめはデカルト学徒であったが、のちに、ベーメの影響をうけ、反デカルト派に転じた。

(57) 「閃光 **fulguration**」という語を使ったのは、創造と流出との中間を示すためであるという。「形而上学叙説」14では、流出という語を用いているが、このことばを使えば、神と被造物とは連続的につながっていることになり、創造といえば両者の関係は非連続的な性格を強める。神にたいする被造物の依存関係には、非連続、連続の両面があるという見地から、閃光という語が用いられたものと考えられる。

(58) この三者はキリスト教の三位一体に応ずるものだと、ライプニッツは言っている。つまり、力は父に、知恵は永遠なることば（ロゴス）に、意志は精霊に応ずるという（『弁神論』一五〇節）。

(59) 一四五四〜九三。イタリアのアリストテレス研究家。

(60) **perfectihabies.** 完全性を有するもの。

(61) モナドは神以外の何ものにも依存しない自発体であるから、直接作用しあうことはない（七節）。しかし、それは同時に、モナドが相互に対応関係をもち、間接的、観念的意味において作用しあうことである。なお、ここに出ている **action**（作用をおよぼす）や **passion**（作用を受ける）という語は、スピノザの用語を使ったものと考えられる（『エティカ』第三部定義二）。
(62) ある実体が他の実体よりも判明に、変化の原因あるいは理由を表出するとき、それを理由に「一方が他方に作用する」と言える。それはちょうどわれわれが、運動を海全体よりもむしろ船に帰すようなものである（「アルノーへの手紙」九）。
(63) 各モナドは、外からはたらきかける唯一の神とだけ直接の関係をもつのだから、神の仲だちがなければモナド相互の関連は失われてしまう。
(64) 各モナドは神の作用のもとに持続し、全宇宙を各自の観点から表現するところから、おのずから対応関係におかれる。そして、一方に起こることの説明が他方のうちに示される意味で、対応関係は（観念的な）相互作用にほかならないことになり、能動性と受動性とは相互的となる。
(65)「可能な possible」宇宙は、内に矛盾をふくまない宇宙である。そういう宇宙は神の悟性のうちにいくつも考えられている。このうち、たがいに相いれる要素のもっとも多くふくまれた宇宙、「共可能な compossible」宇宙が神に選択され、現実化される。そこに現実の成立根拠、十分な理由が考えられる。「形而上学叙説」や「事物の根本的起原」では、可能から現実への動きが数学の極大・極小問題と関係をもつことが暗示されている（六一、二〇六ページ）。最小の費用による最大の効果、かんたんな仮説によるもっとも豊富な現象ということから現実が生じたという考えである。
(66) 現実最善観の根底としての神を、簡潔な言い方で述べたもの。
(67) 固有の視点をそなえたモナドが無数にあるだけでなく、それぞれがたがいに表現しあうところから、宇宙に関するモナドの表現は「無限の無限倍」となる。このような豊富な表現をことごとくふくんでいるのが神であり、そこに神の偉大さが認められる。

(68) モナドに属した身体をさす。
(69) すべてを表現しているけれども、その表現の仕方に制限がある。不完全にではあるが、すべてのものを表現している。
(70) 原文は、*σύμπνοια πάντα*.
(71) 前四六〇～三七五ごろ。ギリシアの医学者。医学の祖といわれる。
(72) ライプニッツのいう表出、表現、表象がいつも身体をふまえたものであることは、この節によく示されている。
(73) このことばは、「動物や植物をふくむいわゆる生物」よりも広い意味に用いられている。
(74) 物体の構造について、「無限分割の可能性をもつこと」と「じっさいにどこまでもはてしなく細分されていること」という二つが示されている。この二つが、全体としてどう理解されるか。これはモナド説のもつ基本的な問題の一つである。三六ページ注(5)参照。
(75) この節の叙述は、当時の生物学者マルピーギやレーウェンフックなどの顕微鏡による諸発見(たとえば精子の発見)と関係が深い。
(76) 第二質料としての物体をさす。三六ページ注(14)参照。
(77) じっさいわれわれの体は食物をとり入れ、排泄物を外に出している。呼吸においても同様のことがおこなわれている。
(78) 死後にも魂は存続し、ふたたび別の身体にはいるという説。
(79) 当時信じられていた説。動物は精子の中に、植物は萌芽の中に、縮図の形でふくまれていて、それがだんだん開展すると考えられた。

(80) 四～六節。
(81) 精神と身体の関係は、モナド相互の関係の一例と見なされる。
(82) 神の摂理による予定調和は、精神と身体とのあいだ、目的因と動力因とのあいだ（七九節）に成りたつばかりでなく、自然界と恩寵界とのあいだ（八七節）にも成りたっている。この考え方は、信仰者ライプニッツの底抜けに明るい心境を示すものだが、それはけっして手放しの楽天主義ではなく、現実の暗い面を十分見つめたうえでのものであり、彼自身のひたむきな努力に裏うちされたものと考えられる。
(83) 方向の均衡について、ライプニッツはこう説明している。
「いま東西に一つの直線を引き、この線に平行な線においてあらゆる物体がどれほど前へ進んでいるか、またどれほど後ろへ退いているかを測れば、東へむかう方向の量の総計と、西へむかう方向の量の総計との差はいつも同一で、ゼロに等しい。宇宙においてはすべてが完全な均衡を得ていて、東の方向と西の方向とは完全に等しい」（「アルノーへの手紙」一六）。なお一〇五ページ注（1）を参照。
(84) 一四七ページ注（1）参照。
(85) 七九節。
(86) この節以下に、ライプニッツの終末論が示されている。

形而上学叙説

清水富雄
飯塚勝久
訳

1　神の完全性について、神の行ないはすべてこのうえなく望ましいものであること

われわれが神についてもっているもっとも広くうけいれられた概念、しかも、もっとも意味のある概念は、「神は絶対的に完全な存在である」ということばで、かなりよく言い表わされている。しかし、そこからでてくるさまざまなことについては、まだ十分に考えられていない。そこでこのことばの意味をもっと深くきわめようとするには、自然のうちにはまったく種類の異なった完全性がいくらもあるとか、神はそれらの完全性をことごとく所有しているとか、またいずれの完全性ももっとも高い程度において神に属しているとかいったことに注意するのがよいであろう。

それとともに、完全性①とは何かを知らなければならないが、じつはここに完全性についてのかなり確実な基準がある。それは、究極的なものに達することのできない形相や本性、たとえば数や図形の本性のようなものは完全ではない、ということである。あらゆる数のうちで最大の数〔または、あらゆる数の数〕とか、あらゆる図形の中で最大の図形とかいったものは、矛盾をふくんでいるからである②。けれども、最大の知識とか全能とかはすこしも不可能をふくんでいない。

したがって、能力や知識は完全であり、それが神に属しているかぎり限界をもたない。③

そこから、次のようなことがでてくる。④ 最高かつ無限な知恵の持ち主である神の行ないは、形而上学的な意味においてのみならず、道徳的に言ってもこのうえなく完全なものであるし、またそれをわれわれ自身について言うならば、われわれが神の作品に精通すればするほど、ますますわれわれは、神の作品がすぐれていて、われわれの願いをすべて完全に満足させている、と考えるようになるのである。

(1) perfection. アリストテレスに由来し、スコラ哲学でも用いられた語。「可能的なものが各自別々にふくんでいる、何か積極的な部分」を完全性という。非存在ではなく存在を、消極性ではなく積極性を志すものが完全性である。神の悟性の中で個々の可能的世界は各自の完全性をふくむわけだが、神はそれらの結合や共存のぐあいをすべて考慮して、総体で最高度の完全性が成立するように現実の世界をつくりあげる。そこで現実の世界の完全性が同時に神の完全性であることになり、そこにおいて神は各個体の完全性をすべて自己のうちにふくむことになる。このように、完全性は「完成していること」の論理的な根拠を示す語であり、現代のわれわれの用語とは必ずしも一致しない意味をもつ(「モナドロジー」四一節、『エティカ』第二部定義六)。

(2) たとえば、いかなる数についても、それ以上のものを考えることができるから、最大の数という観念は矛盾をふくむことになる。

(3) この点でライプニッツは、フランスの思想家ニコラ・ドゥ・マルブランシュ(一六三八〜一七一五)

の考え方に従っている。

（4）以下、この節の終わりまで、ライプニッツのオプティミズムの内容を示している。

2　神の作品には善がないとか、善と美の規範は任意的なものであるとか主張する人々に反対して

それゆえ、私の考えは、「事物《もの》の本性または事物について神がもっている観念には善の規範や完全性の規範はなく、神の作品はただ神がそれを作ったという形相的理由①によって善であるにすぎない」と主張する人々の意見とは非常に異なっている。もしこの人々の言うようなことであれば、自分がそれらの作品の創造者であることを知っている神が、聖書に示してあるように②、自分の作品をあとから眺めてそれを善いと考えたりする必要はないからである。聖書にそのような神を人間にたとえる方法が用いられているのは、「神の作品の原因を示す、あのまったく明らかな外的名称（創造者という呼び名）を考えてみるまでもなく、神の作品がすぐれていることは作品そのものを見ればわかる」ということを、われわれに知らせるためにほかならないと思われる。作品をよく考察すれば、それを作った職人を見いだすことができるだけに、このことはなおさらほんとうである。それゆえ、職人の作品は、それ自身のうちに職人の人柄を宿しているにちがいな

い。

正直に言えば、私と反対の意見はきわめて危険なものであって、宇宙の美とかわれわれが神の作品に帰している善などは、神を自己流に考える人間の妄想にすぎないとする最近の革新的な意見の持ち主[3]に、非常に近いように思われる。それだから、事物が善いのはいかなる善の規範によってでもなく、ただ神の意志だけによってなのだと言う人[4]は、知らず知らずのうちに神の愛と栄光とをまったくそこなっているようにみえる。

もし神が実際とまったく反対のことを行なったとしても、同じように讃えられるとすれば、いったい、神がしたことについて神を讃えるいわれがあるであろうか。仮にある専制的権力だけが残って、意志が理性にとってかわり、暴君の定義にあるとおり、もっとも強い者の気に入ることがまさにその理由で正しいとするならば、いったい、どこに神の正義と叡知があるであろうか。それればかりでなく、意志はすべて何か意志の理由を前提し、この理由は当然、意志に先だつものと思われる。私が、形而上学や幾何学の永遠真理[5]、したがってまた善と正義と完全性の規範は神の意志の結果にすぎないと主張する他の哲学者たち[6]のことばを、まったく奇妙なものと思うのもそのためである。ほんとうは、それらの永遠真理や規範は神の悟性からでてくるものにほかならないのであって、神の悟性というものは神の本質と同様、たしかに神の意志には依存しないように思われる。

（1）定義の示している理由。
（2）「創世記」一・一〇〜三一。
（3）スピノザをさす。スピノザによれば、目的因はすべて人間の想像物にすぎない（『エティカ』第一部付録）。自然は絶対的必然の産物であって、自由意志を予想するものではない。ライプニッツがスピノザに反対するのは、この点においてである。しかし他面、ライプニッツがスピノザの考えを多分にとりいれていることに、注目する必要がある。
（4）デカルトをさす。
（5）その反対が不可能である必然的真理。七五〜八〇ページ参照。
（6）デカルトをさす。彼によれば、数学の真理も道徳の真理も神の意志にもとづいている。『省察』五の反論」参照。

3　神の行ないはいまよりもっと善くなることができたのではないかと思っている人々に反対して

同様に、神の行ないは究極的な完全性に到達していないから、あるいは神はいまよりもっと善い仕事をすることができたのではないか、などとむこうみずな主張をする当代の学者たちの意見も、わたしはうけいれることができない。というのも、このような意見からでてくる帰結は、神の栄光にまったく反すると思われるからである。『悪が少なければ少ないだけ善という意味をもつように、善が少なければ少ないだけ悪という意味をもつようになる』①。そこで、やればできるのにあまり完全に仕事をしないのは、不完全な仕事をするということになる。たとえば、建築家にたいして、もっとよい仕事ができたのではないかなどと指摘するのは、彼の仕事に文句をつけようとするものである。聖書がわれわれに神の作品は善であるという保証を与えているのに、そのようなことを口にするのはやはり聖書に反することになる。じっさい、不完全なやり方で満足するというのであれば、神がどのような仕事をしたところで、不完全性というものはかぎりなく下にあるわけだから、その仕事はそれほど完全でないものに比較すると常に善いものとなるであろう。だが、ものごとがこうした仕方でしか善くないとすれば、ほとんど称讃に値しない。

私はまた、私の意見を支持するような文章が聖書や教父たちの書物のうちにいくらでも見いだされるのにたいし、これら当代の学者たちの意見に好意的なものはほとんど見あたらないと思っている。彼らの意見は、私の考えるところでは、古代を通じてまったく知られなかったもので、宇宙の普遍的調和とか神の行ないの隠れた理由などについてわれわれがほとんど何も知らないという点にもとづいているにすぎない。この無知のゆえにわれわれは無謀にも、多くの事物《もの》はいまよりもっと善くなることができたのではないか、と判断してしまうわけである。そのうえ、これら当代の学者たちは根拠のとぼしい煩瑣《はんさ》な議論にこだわり、どんなに完全なものであっても必ずそれ以上に完全なものが存在すると考えているが、これは誤りである。

彼らはまた、それによって神の自由を準備するのだと思っている。ところがほんとうは、最高の自由とは、最高の理性に従って完全に行なうことなのである。なぜなら、神がなにごとかを行なうさいに、それを意志する理由をすこしももたないと考えるのは、そんなことがありそうにもないという点を別にしても、神の栄光にあまりふさわしくない意見だからである。たとえば、神がAとBのうちからいずれかを選択するとして、BよりもAを選ぶ理由がすこしもないのにAをとったとすれば、神のこのような行ないはすくなくとも称讃に値しないと私は言うわけである。というのは、あらゆる称讃はなんらかの理由にもとづいているはずなのに、この場合には『仮定によって』いかなる理由も存在しないからである。ところがじっさいには、称讃に値しないような神の行ないは一つもない、と私は考えている。

（1） 出典不明。

4　神の愛は、われわれが神の行ないについて完全に満足し、承服することをもとめるが、だからといって静寂主義者である必要はないこと神の行ないは常にこのうえなく完全なものであり、またこのうえなく望ましいものであるというあの偉大な真理を全体にわたって認識することは、われわれが何ものにもまして神に負っている愛の根拠である、と考えられる。愛情をいだいている人は、自分の愛するものが幸福で、その行ないが完全であるということに満足をもとめるものだからである。『同じものを欲し、同じものを欲しないことが真の友情というものである』[1]。そこで、私は神の望んでいることを、われわれのほうでも願うという気持にならなければ、たとえわれわれに神の望むことを変える力があるとしても、神をこよなく愛するのはむずかしいことだと思う。じっさい、神の行ないに満足しない人々は、私から見ると、不平不満の臣下のようなものであって、その心は謀反人《むほんにん》の心とあまり変わらない。

それゆえ、これらの原理に従って神の愛にふさわしい行ないをするためには、いやいやながらたえ忍ぶというのでは十分でなく、神の意志によってわれわれに起こったいっさいのことにたいしても、ほんとうに満足しなければならない、と私は思っている。ただし、私の言うこの承服は過去に関するものである。未来に関しては、静寂主義者[2]であったり、古人が「怠け者の理屈[3]」と呼んだ詭弁《きべん》に従って、神のすることをこっけいにも腕をこまねいたまま待っていたりしてはならない。むしろわれわれは、考えられるかぎり神の意志を推し測りながら行動し、全体のための善、とりわけわれわれにふれるものや、われわれの身近にある、いわば手のとどく範囲のものの、価値をたかめ完成させるのに貢献するよう全力をあげて努力しなければならない。こととしだいによって、神はわれわれの善き意志がすぐさま実現するのを望んでいなかったということが明らかになったとしても、だからといって、神はわれわれのしたことを欲していなかったのだということにはならないからである。それどころか、神はすべての主人のうちでも最良の主人であるから、正しい心だけしか要求しない。善き意図を成就させるのにふさわしい時と場所とを知るのは、神に属することである。

(1) ローマの政治家、歴史家サルスティウス(前八六~三五)の『カティリナ戦記』二〇に出てくることば。
(2) 十七世紀のカトリック教会内にあった神秘主義者をさす。まったく自己に沈潜し、神を瞑想して自己意識をも失うときに生ずる内心の静寂を重んずる人たち。
(3) キケロ(前一〇六~四三)の『宿命について』一二・二八に出ている。「病気からの回復が宿命なら、医者にかからなくてもなおる。回復しないことが宿命なら、医者にかかってもなおらない。だからおまえは医者にかかる必要がない」という趣旨の詭弁。

5　神の行ないが完全であるという規範はどこにあるか、また手段が単純で、結果が豊富であるからつりあいがとれていること

それゆえ、神にたいして、神の行ないはすべて最善のものであり、何ものも神を愛する人々を害することはできないという信頼感をもつだけで十分である。しかし、神がいかなる理由にせまられて、このような宇宙の秩序を選び、罪を許し、救いの恩寵《おんちょう》を一定のやり方で配分するようになったのかをそれぞれの場合について知るというのは、有限な精神の力をこえていることである。まして、精神が神を観《み》る歓びをまだ味わっていないときにはなおさらそうである。

しかしながら、万物を支配するときの神の摂理に関しては、二、三の一般的考察を行なうことができる。そこで、たとえば、完全な行ないをする者（神）は、ある問題についてもっとも正しい作図を見つけることのできるすぐれた幾何学者に似ているとか、自分の敷地と建物にあてられる資金とをもっとも有利にわりふりして、その建物がすこしも不愉快な感じを与えないように、またできるかぎりの美しさをそなえるように注意する腕ききの建築家に似ているとか、自分の財産を使って荒れはてたところや不毛なところがないように心がける善良な家父に似ているとか、またできるだけ障害の少ない方法を選んで効果をあげる熟練工に似ているとか、またできるだけ少な

い紙数にできるだけ多くのことがらをもりこむ学識豊かな著述家に似ているとか、言うことができる。

ところで、あらゆるもののうちでもっとも完全でもっとも場所をとらないもの、つまり、たがいにさまたげあうことのもっとも少ないものは精神であり、その完成がすなわち徳である。それゆえ、精神の幸福が神の主な目的であって、神は普遍的調和に合致するかぎりこの幸福を実行にうつすのだ、ということをすこしも疑ってはならない。これについては、あとでさらにくわしく論じようと思う。

神のとる途が単純であるというのは、正確には手段に関して言えることであって、目的ないし結果に関しては反対に多様であり、豊富である。しかも、この単純と豊富とは、ちょうど建物にあてられる費用ともとめられる大きさや美しさとがそうであるように、つりあいがとれていなければならない。たしかに、神は何をするにしても費用がかからない、哲学者が自分の想像的世界を築くために仮説をたてるほどにも費用がかからない、というのはほんとうである。それというのも、神は現実の世界を産みだすためには、命令を下すだけでことたりるからである。しかし、知恵に関しては、命令とか仮説は、それらがたがいに独立するにつれてかえって費用がかさむようになる。理性というものは、仮説や原理が複雑にならないように望むからである。それは、いわば、天文学においてつねにもっとも単純な体系が選ばれることに似ている。①

（1）天動説よりも地動説のほうがえらばれるのは、後者が前者よりも多くの天文現象を説明できるからである。

6　秩序にはずれるような神の行ないは一つもなく、規則的でないようなできごとは考えだすことさえも不可能である

一般に、神の意志または行ないは、通常なものと異常なものとに分けられている。しかし、秩序にはずれるような神の行ないは一つもないと考えたほうがよいのである。だから、異常と思われているものは、被造物のあいだに設けられたある特殊な秩序にてらして異常であるにすぎない。普遍的秩序にてらして言えば、すべてのものがそれにかなっているからである。これはまったくほんとうであって、この世界には絶対的に不規則なことなど何一つ起こらないばかりでなく、そうしたものを考えだすことさえもできないほどである。

たとえば、土占い①というばかげた術を行なう人のように、だれかいま紙の上にでたらめに多くの点をつけたとしよう。この場合でも、私は、一定の規則に従って恒常不変な概念をもち、そのすべての点を、手で記入したと同じ順序で通るような幾何学的線を見いだすことができると言いたい。

もしだれか、直線になったり円になったり、また別の性質の線になったりするような線を一息に引くとしても、この線のすべての点に共通する概念、規則、または方程式を見いだし、それによって逆にいまの線と同じ変化が起こるはずだということを知るのは可能である。たとえば人の顔にしても、その輪郭が幾何学的線の一部でないような顔、一定の規則的運動によって一息に引けないような顔は一つもない。しかし、規則が非常に複雑な場合には、規則にかなうものがかえって不規則と見なされるのである。

それだから、神が世界をどんなふうに創造したとしても、世界は常に規則的であり、一定の一般的秩序にかなっていると言える。しかし神は、このうえなく完全な世界、すなわち仮説においてはもっとも単純であるが、現象においてはもっとも豊かな世界を選んだ。②それはちょうど、幾何学の線において、その作図は容易でありながら、その特性やそこからひきだされる結果は非常にすばらしく、しかも広い範囲にわたっていることと同様である。私がこのような譬《たとえ》を用いるのは、不完全であってもとにかく神の知恵の似姿を描きだし、すくなくともわれわれの精神をたかめて、ことばでは十分言い表わせないことをどうにか理解できるようにするためなのである。しかし、私はそれによって、全宇宙がもとづいているあの偉大な神秘を説明したなどというつもりはもうとうない。

（1）地面や紙面に任意にうちつけた点をつないで、未来をうらなう一種の術。主として中世の人たちのあいだで行なわれた。

（2）なるべくわずかの仮定によって、できるだけ多くの現象を説明しうるほど、その仮定は真理性を増すことになる。同時にそれは、神の偉大さを讃える理由につらなっている。神のえらんだかんたんな仮定によって、現実の世界に無数の個体が存在するようになったことは、神の偉大さ、完全さをものがたるものである。

7 奇跡は下位の準則には反するにしても、一般的秩序にはかなっていること[1]。神の欲すること、神の許すことについて。一般的意志または特殊的意志について

ところで、秩序にかなわないようなことは何一つ起こりえないから、奇跡もまた自然的な作用——ここで自然的な作用と言われるわけは、それが、われわれが事物《もの》の本性（自然）と呼ぶある下位の準則に適合しているからである——と同様、秩序にかなっていると言うことができる。というのも、この自然なるものは神の習慣にすぎず、神を動かしてこの準則を用いるようにさせた理由よりももっと有力な理由があれば、神はこの習慣を守らなくてもすむと言えるからである。

見方によって、一般的とも特殊的ともとれる意志について言えば、神の行ないはすべてもっと

も一般的な意志、すなわち、神の選んだもっとも完全な秩序にかなった意志に従っていると言うこともできるし、また、神には特殊的な意志がはたらいていて、それは前に述べた下位の準則からはずれていると言うこともできる。要するに、神の法則のうちでも、宇宙の過程全体を支配するもっとも一般的な法則には、例外がないわけである。

また、神はその特殊的意志の対象であるすべてのものを欲する、と言うことができる。しかし、一般的意志の対象である、他の被造物の行ない、ことに神が手をさしのべようと望んでいる理性をもった被造物の行ないについては、区別が必要である。すなわち、行為がそれ自身善いものであれば、神はそれを欲するし、ときにはその行為が起こってこない場合でもそれを命ずることがあると言える。しかし、行為がそれ自身では悪いものであって、たまたま善くなることがあるというにすぎない場合、言いかえれば、事のなりゆき、とくに懲罰《ちょうばつ》と贖罪《しょくざい》によってその悪意を正し、悪を十二分に償う結果、ついには悪がまったく起こらなかったとするよりも、過程全体においてはかえって多くの完全性が見いだされるような場合には、神は悪を許すと言うべきである。とはいえ、神が自然法則を定めたために、また、悪からより大きな善をひきだすことができるという理由で、悪に協力することになるからといって、神が悪を欲すると言ってはならない。

（1）「形而上学叙説」が書かれているころ、奇跡の問題についてアルノーとマルブランシュとのあいだに激しい論争がかわされていた。ライプニッツはこの問題ではだいたいマルブランシュの考えに従っている。

8 神の作用と被造物の作用とを区別するために、個体的実体①の概念がどのようなものであるかを明らかにする

神の作用と被造物の作用とを区別するのは、かなりむずかしい。神はあらゆることをすると思っている人②もあれば、神のすることはただ被造物にさずけた力を保存することだけだと考える人③もあるからである。この二つの説のいずれがどの程度まで言えるかは、以下のことから明らかになるであろう。ところで、作用することと作用をうけることとは、本来個体的実体に属する〔『作用は基体に帰属する』④〕のだから、このような実体がどんなものであるかを説明する必要がある。

多くの述語が同一の主語に属し、その主語はもはや他のいかなる主語にも属さない場合、この主語が個体的実体と呼ばれるのはたしかにほんとうである。けれども、それだけでは十分とは言えないし、しかもこうした説明は名目的なものにすぎない。そこで、ある主語に真に属するというのはどういうことであるのか、考えてみなければならない。

ところで、これはたしかなことであるが、真の述語機能というものはすべて、事物の本性のう

ちになんらかの根拠をもっているものである。そこで、ある命題が自同的⑥でない場合、すなわち、述語が主語のうちにはっきりとはふくまれない場合には、述語は主語のうちに潜在的にふくまれているはずである。これを哲学者たちは『内在』と呼び、述語は主語の中にある、と言うのである。それゆえ、主語の名辞は常に述語の名辞をふくんでいなければならず、したがってまた、主語の概念を完全に理解する人は、述語がそれに属していると判断するようになる。

そういうわけで、個体的実体すなわちすべてをふくんだ存在は、その本性からして完成した概念をもち、その概念は、それが属している主語のあらゆる述語を理解したり、またそこから演繹《えんえき》したりするのに十分なものである、と言うことができる。ところが、偶有性⑦なるものの概念は、その概念の持ち主である主語に属しうるすべてのものをふくんではいない。

したがって、アレクサンドロス大王に属する王という性質は、主語をはなれて考えると、一個人に十分限定されてはいないし、同一の主語に属する他の諸性質や、この君主の概念にふくまれるすべてのものをふくんではいない。ところが、神がアレクサンドロスの個体概念、すなわち「このものたること⑧」を調べてみるならば、アレクサンドロスについて真に述べることのできるすべての述語、たとえば、彼はダリウスやポルスを打ち破るであろう、といったようなことの根拠と理由をそこに見ると同時に、彼は自然死をとげるのかそれとも毒殺されるのかというような、われわれには歴史によってしか知ることのできないことを、ア・プリオリに〔つまり、経験にたよらずに」知ることまでもできる。

それゆえ、ものごとのつながりをよく注意してみるならば、アレクサンドロスの心にはいかなるときにも、これまで彼に起こったあらゆることのなごりやこれから起こるはずのあらゆることの兆《きざ》し、さらには宇宙において起こるいっさいのことの手がかりさえもある、と言うことができる。とはいえ、それらすべてを認めるのは、神だけに許されていることである。

（1）**substance individuelle.** 実体形相（六九ページ）や魂（七四〜七五ページ）と同じ意味内容の語。「形而上学叙説」以後の作品ではエンテレケイア、形而上学的点、実体的一、能動的力などさまざまに呼ばれているが、一六九六年ごろ以後はモナド（単子）と呼ばれることが多くなった。「あらゆる述語を内にふくむ主語」が個体であるという見方は、個体を、主語となって述語とならないものとみるアリストテレスの考え方を予想している。ライプニッツの個体論は、プラトンやアリストテレスの哲学、スコラ哲学などを深くとりいれたものであるが、同時にまた同時代者（デカルト、スピノザなど）の実体論をもふまえている。

（2）マルブランシュをさす。

（3）デカルトをさす。

（4）スコラ哲学の公理。スコラ哲学では、基体は、「述語ないし偶有性の主体となっているもの」のことであった。

（5）実体について、アリストテレスがくだした定義をさすものであろう。『形而上学』第七巻第三章。

（6）一般に、「AはAである」という形で示される命題。しかし、実質的な意味をひとしくする二つの概念からなる命題（たとえば、「等辺三角形は正三角形である」）も、自同的命題と見なされる。

（7）「本質にともなって付随的にあるもの」が偶有性である。

（8）「まさしくこのものである」という個体性。スコラ哲学の用語。

9　おのおのの個別的実体はそれなりに宇宙全体を表出していること。また、個別的実体の概念には、その実体のあらゆるできごとがふくまれているばかりでなく、できごとにともなういっさいの状況や外界の全系列もふくまれていること

このことから、いくつかのいちじるしい逆説がでてくる。とりわけ、次のような逆説がそうである。二つの実体がまったく相似て、『ただ数においてのみ』異なるというのはほんとうではない。[1] この点、聖トマスが天使すなわち叡知的存在について断言していること、つまり『そこではすべての個体が最低の種である』[2] ということは、幾何学者がその図形について考えるときのように、種差であると見なすならば、すべての実体について真である。また、実体は創造によってしか生まれず、絶滅によってしか滅びることができない。[3] 一つの実体が二つに分割されたり、二つの実体から一つの実体がつくられたりすることもない。だから、実体が変化することはたびたび

あっても、実体の数は自然的には[4]増加することも減少することもないのである。

そのうえ、どの実体も一つの完結した世界のようなもの、神の鏡あるいは全宇宙の鏡のようなものである。いわば、同一の都市でもそれを見る人の位置が異なるに従ってさまざまに表現されるように、おのおのの実体はそれなりに全宇宙を表出する。[5]だから、宇宙はいわば実体の数と同じだけかけあわされることになり、神の栄光も同様にして、神の作品にたいするそれぞれ異なった表現[6]と同じ数だけかけあわされることになる。

また、どの実体も神のもつ無限の知恵と全能という性質をいくぶん身につけており、できるかぎり神を模倣している、とさえ言える。すなわち、実体は雑然としてではあっても、過去、現在、未来を通じて宇宙に起こるいっさいのことを表出するのであるが、このことは、無限な表象または無限な認識にいくぶん似ているわけである。そして、他のすべての実体もそれなりにこの実体を表出し、それに適応するのだから、この実体は創造者の全能を模倣して、自己の力を他のすべての実体におよぼしていると言うことができる。

（1）「不可弁別者同一の原理」を暗示している。この原理は、自然の中には、絶対的に似てひとしく、ただ場所あるいは数においてしかちがわないような二物は存在しないことをいう。もしこのような二物が存在するならば、現実存在の「十分な理由」（「モナドロジー」三七節参照）は成りたたないことになる。

（2）トマス・アクィナスによれば、天使は叡知的存在であり、質料をまったくふくまない純粋形相である。そこで、通常の個体が質料によって区別されるのにたいし、叡知的存在の区別は形相によってのみ行なわれることになる。したがって通常の場合、いくつもの個体が種の中にふくまれるのにたいし、叡知的存在ではそういうことはなく、個体の一つ一つが別々の種となっているのである（トマス・アクィナス『神学大全』一・五〇・四）。

（3）ライプニッツは別の作品で、この考えがカトリックの教説であると述べている。

（4）実体の創造と存続は、神の超自然的、普遍的な秩序のもとに行なわれ、この秩序のなかで神の自然的な作用がなされている。創造後の実体の数に増減がないのは、この背景においてである。

（5）**exprimer.** 表わすこと。ライプニッツ哲学の基本概念の一つ。アルノーへの手紙によると、「あるものが他のものを表出するとは、一方について言えることと、他方について言えることとのあいだに恒常的な規則的関係が存在することである。たとえば遠近的投影図はその実測図を表出する。表出はあらゆる形相に共通であり、自然的表象、動物的知覚、理知的認識などを、種として内にふくむような類（概念）である」。彼の場合、表出、表現、表象はほぼ同義に用いられ、たんなる心理学的意味に限定されない広い意味をふくんでいることに注意する必要がある。なお、「モナドロジー」一四節および「小品集」の「モナドについて」参照。

（6）原語は、**représentation** である。注（5）参照。

10　実体形相（1）という考え方は何かしっかりしたものをもっていること

と。しかし、この形相は現象になんの変化も与えないから、個々の結果を説明するために用いてはならないこと

古代の人々だけでなく、何世紀も前に神学と哲学を教え、常に深い省察をおこたらなかった多くの有能な人々——そのうち、若干の人々は宗教的徳性の点でも推奨に値する——も、われわれがいま述べたことをいくらか知っていたらしい。それだからこそ、彼らは実体形相をとりいれて主張してきたのであるが、今日ではこの実体形相は非常に不評をまねいている。しかし彼らの考え方は、当代の新しい哲学者たちのだれもが考えているほど真理から遠ざかってはいないし、こっけいでもない。

もっとも、この形相の考察が物理学の細部についてはなんの役にもたたず、個々の現象の説明に用いられてはならないということを認める点では、私も当代の哲学者と同意見である。この点でスコラの学者たちはまちがっていた。また、昔の医者もスコラ学者にならって、人体のはたらきがどのようになっているかを苦労して調べようとはせずに、ただ形相や性質を口にするだけで人体の特性を説明できると考えていたが、それはちょうど、時計にはその形相からでてくる時を示す性質があるというだけで満足し、その時を示す性質というものがいったい何から成りたっているかを考えようとはしないのと同じことである。時計を買う人にとっては、時計の手入れなど

は他人にまかせるということであれば、じっさいのところそれで十分であろう。

しかし、形相についてこのような欠陥や悪用があるからといって、われわれは形而上学においてどうしても知っておく必要のある一つのことを放棄すべきではない。それがなければ（ものごとのより根本的な）第一原理をよく認識することができないし、物質的でないものや神の奇跡を認めるのに十分なほど精神をたかめることもできないと私は考えている。

とはいうものの、幾何学者は連続の合成②というあの有名な迷宮のために頭を悩ます必要はないし、いかなる道徳哲学者も、まして法律家や政治家ともなれば、自由意志と神の摂理とを和解させようとするさいに見られる大きな困難に苦労してとりくむ必要はない。こうした、哲学や神学にあってはどうしても必要不可欠な議論にたちいらないでも、幾何学者はあらゆる証明をしあげることができるし、政治家はその審議をすべて終えることができるからである。それと同様に、物理学者は、他の領域に属する一般的考察を必要とすることなく、ある場合にはすでに行なわれたもっと単純な実験を用い、またある場合には幾何学や力学の証明を用いて、実験を説明することができる。もしその場合に、神の協力とか、何か魂のようなものとか、原質③とかあるいはほかにそうした性質のものをもちだすとすれば、その人は、実際問題の重要な審議にさいし、運命の本性やわれわれの自由の本性について長々とした推論をはじめようとする人と同じように、常軌を逸していることになる。じっさい、人々は知らず知らずのうちにこうした誤りをたびたび犯しているものであって、たとえば、宿命の考察によって頭を悩まし、そのために往々にして何か善い決心や必要な配慮からそれてしまう、というような場合がそうなのである。

（1）六六ページ注（1）参照。

（2）不可分な点の集まりから、どのようにして連続体をつくることができるか、という難問。

（3）あらゆる自然現象の中に、根源的な生命力としてはたらいているもの。これはすでに古代哲学者たちの考えたところであるが、スイスの自然科学者、哲学者パラケルスス（一四九三〜一五四一）や、オランダの化学者、医学者J・B・ファン・ヘルモント（一五七七〜一六四四）なども、原質について考えている。

11　スコラと呼ばれる神学者や哲学者の省察をまったく無視してはならないこと

私が古代の哲学をなんらかの形で回復し、ほとんど追放の憂きめにあっていた実体形相の『もの、との権利を認めて』それを呼びもどそうとするのは、非常な逆説をもちだすものであることを知っている。しかし、以下のような事情がわかれば、おそらく人は私をかるがるしく非難しないであろう。すなわち、私は当代の哲学についてもそうとう深く考えてきたし、物理学の実験や幾何学の証明にも多くの時間を費やしてきたし、またこのようなもの（実体形相）がむなしいことを長いあいだ確信してきたのであるが、自分自身で研究してみると、当代の学者たちは、聖トマスやその時代の偉大な人々にたいしかなり公正を欠いているとか、またスコラの哲学者や神学者の意見は、場所をよくわきまえて適当に用いるなら、人が思う以上にしっかりしたところがあるということがわかったので、ついに私は、心ならずも強制されたかのように、実体形相をふたたびとりあげないわけにはゆかなくなったのである。[1] それればかりでなく、もしだれか緻密《ちみつ》な省察的精神の持ち主が、スコラ学者の思想を解析幾何学のような方法で解明し、消化するという仕事をすすんでひきうけるならば、きわめて重要でしかもまったく論証的な真理の宝庫をそこに見いだすであろう、と私は確信している。

（1）ライプニッツが一六九五年に発表した『実体の本性と交通、ならびに精神物体間の結合に関する新説』によると、力学の原理を深くきわめようとした結果、たんなる拡がりとはちがった力という形而上学的概念を使わねばならなくなり、いったん捨てた実体形相をふたたび採用するようになったこと、この概念は人間の精神についてわれわれのもっている概念にならって考えられること、そこから力や精神の自発性や表現的本性が考えられるばかりか、精神と物体との結合にも新しい解明がえられること、などが説かれている。

12　拡がりという概念は何か想像的なものをふくんでいて、物体の実体を構成することができないこと

しかし、ここでわれわれの考察をふたたび本筋にもどすと、前に私が説明した実体の本性について深く考える人は、物体の本性そのものが拡がり、すなわち大きさ・形・運動だけにあるわけではなく、そこには何か魂と関係のあるものを必ず認めなければならないということがわかるであろうと思う。ところで、この何か魂と関係のあるものというのは、仮に動物に魂があるとすればその魂と同様に、現象にはなんの変化も与えないけれども、一般に実体形相と呼ばれているものである。なお、大きさ・形・運動の概念は人が思っているほど判明なものではなく、色とか熱とかその他、われわれの外にある事物《もの》の本性の中にほんとうに存在するかどうか疑わしいような性質と同様に「これらほどではないが」、何か想像的なものやわれわれの表象に関係したものもふくんでいるのだ、ということを証明することさえできるであろう。そういうわけで、こうした種類の性質はいかなる実体をも構成することができない[1]。もし物体のうちに、いまわれわれが述べたものとは別の同一性原理が存在しないとすれば、物体はもはやひとときも存続することはないであろう。

けれども、他の物体の魂や実体形相は、叡知的な魂とは非常に異なっている。叡知的な魂だけが自己の作用を知っており、自然的には滅びることがないばかりか、おのれが何であるか認識する根拠を常に保持してもいるのである。そのために、叡知的な魂だけが懲罰と褒賞をうけいれることができ、また、神を君主とする宇宙の国の市民になれるのである。そこで、他のあらゆる被造物は叡知的な魂に仕えなければならないことになるが、この点についてはあとでもっとくわしく述べようと思う。

（1）ここにも、デカルト哲学にたいする批判が示されている。17（九一ページ）参照。

13　各人の個体概念は、いずれその人に起こってくることを一度に全部ふくんでいるので、その概念をみれば、おのおののできごとの真理に関するア・プリオリな証明、あるいは、なぜあるできごとが起こって別のできごとが起こらなかったかという理由がわかる。しかし、これらの真理は神と被造物との自由意志にもとづいているから、確実ではあるが、やはり偶然性をまぬかれない。ところで、神の選択にも被造物の選択にも常に理由があるが、その理由というのは、傾向を与えるものであって強制

するものではない

しかし、もっとさきへすすむ前に、われわれが右に示した根拠から生じてくると思われる大きな困難を解決するようにつとめなければならない。われわれは、個体的実体の概念が、いずれその実体に起こってくるはずのことを一度に全部ふくんでいるので、この概念を考察すれば、ちょうど円の本性のうちにそこから演繹しうるすべての特性をみることができるように、その実体について真に言いうるいっさいのことをみることができると述べた。しかし、それでは、偶然的真理と必然的真理の相違が失われ、もはや人間の自由はどこにもなくなって、絶対的宿命がわれわれのあらゆる行為と世界の他のあらゆるできごとを支配することになりそうである。

これについて、私は次のように答えよう。確実なものと必然的なものとは、区別しなければならない。未来の偶発的なできごとも、神がそれを予見しているからには確実であるというのは、すべての人の一致した意見であるが、だからといって、それが必然的であるとはだれも言わない。だが、もしある結論が定義または概念からまちがいなく演繹されるならば、その結論は必然的だ〔と言う人もあろう〕。ところで、われわれが主張しているのは、いずれある人に起こるはずのことはすべて、円の特性が円の定義にふくまれているように、すでにその人の本性または概念のうちに潜在的にふくまれているということである。だから、困難はなおつづいている。

それをしっかりと解決しておくために、私は次のように言いたい。つまり、（概念の）結合または連結には二種類ある。一方は絶対に必然的であって、その反対は矛盾をふくむ。この演繹は幾何学の真理のような永遠真理のなかで行なわれる。他方は『仮定によって』、いわば付随的な結果として必然的であるにすぎず、その反対はすこしも矛盾をふくまないから、それ自身においては偶然的である。そして、この結合は神のもつまったく純粋な観念や神のたんなる悟性にもとづくばかりでなく、神の自由な決定や宇宙の過程にももとづいている。

一例をあげてみよう。ユリウス・カエサルが終身の独裁執政官となって共和国を手中に収め、ローマ人の自由をくつがえすことになる以上、この行為はカエサルという概念のうちにふくまれている。なぜならば、われわれは、述語が主語にふくまれるように、つまり『述語が主語に内在することができるように』、あらゆるものをふくむというのが、主語のもつ完全な概念の本性であると仮定しているからである。

また、次のように言うこともできよう。カエサルがあのような行為をすることになるのは、この概念または観念によってではない、なぜなら、この概念は、神がすべてを知っているという理由によってのみカエサルに属するにすぎないのだから。しかし、カエサルの本性または形相はこの概念に対応している、神がカエサルにあのような役割を課したのだから、以後彼は必然的にその役割をはたしてゆくことになる、と主張する人もあろう。私はこれにたいし、未来の偶発的なできごとの例によって答えることができる。すなわち、未来の偶発的なできごとは神の悟性と意志におけるほかはまだなんの現実性ももっていないけれども、神がそのような形相をあらかじめ与えておいたからには、やはりその形相に対応していなければならないのである。

しかし、私は、困難にぶつかったとき、ほかの同じような困難をひきあいにだして言いのがれをするよりも、その困難自体を解決してしまうほうが好きである。私がこれから述べようとすることは、いずれの困難をもひとしく解明するのに役だつであろう。

そこでいまや、二種類の結合の区別をじっさいに適用してみなければならない。私は、あらかじめ定められたとおりに起こることは確実ではあるが必然的ではない、と言った。それで、もしだれかその反対のことをする人があるとしても、その人は、それ自体では何一つ不可能なことをすることにはならない。ただ、そのことが起こるのは「『仮定によって』」不可能だというだけの話である。要するに、もしある人が、カエサルという主語と彼の幸運な事業という述語との結合をすっかり証明することができれば、次のようなこと、すなわち、カエサルが未来において独裁執政官になるというのは、その概念または本性のうちに根拠をもっていること、なぜ彼がルビコン河で停止しないでそれをわたる決心をしたのか、なぜファルサルスの戦いに敗れずに勝利を博したのかという理由もそのうちにみられること、また、そうしたことが起こるのは合理的であり、したがって確実であるということなどを、その人はじっさいに示すことになるであろう。しかし、このことがそれ自体において必然的であるということも、またその反対が矛盾をふくむということも示すことにはならないのである。それは、いわば、「神の行ないが常に最善のものであるというのは、合理的でしかも確実なことであるが、仮にそれほど完全でない行ないをしたとしてもけっして矛盾をふくまない」というのに似ている。

カエサルについての、こうした述語の証明は、数や幾何学の証明ほど絶対的なものではなく、そこには神の自由に選んだ事物《もの》の系列が前提されていることがわかるであろう。しかもこの事物の系列は、常にこのうえなく完全なことをしようとする、神の最初の自由な決定にもとづいており、また、〔最初の決定につづいて〕神が行なった人間の本性に関する決定、すなわち、人間は常に〔自由にではあるが〕最善と思われることをしなければならない、という決定にももとづいている。

ところで、この種の決定にもとづく真理はすべて確実ではあるが、偶然的である。なぜならば、こうした決定は事物の可能性をすこしも変えないからである。また、私がすでに述べたように、たしかに神は常に最善のものを選ぶけれども、だからといって、それほど完全でないものがそれ自体においては可能であり、たとえそれが起こらなくても可能でありつづけるということはいっこうにさしつかえない。じっさいには、そうしたものがしりぞけられてしまうのは、それが不可能なためではなく、不完全なためである。ところで、その反対が可能であるものは必然的ではない。

そこで、次のようなこと、すなわちすべての偶然的命題には、「こうなって、それ以外にはならないという理由」があること、あるいは〔同じことであるが〕、偶然的命題には、その命題が真理であるというア・プリオリな証明があって、それが偶然的命題を確実なものにしているとともに、この命題の主語と述語との結合根拠が両者それぞれの本性のうちにあるのを示していること、しかし、これらの理由は偶然性の原理すなわち事物の現実的存在の原理にもとづくにすぎないから、言いかえれば、ひとしく可能な多くの事物のうちで最善であるもの、または最善と思われるものにもとづくにすぎないから、[1]偶然的命題にはそれが必然的であるという証明がないこと、ところが、必然的真理というものは矛盾の原理および本質そのものの可能性あるいは不可能性にもとづくのであって、そのかぎりでは神または被造物の自由意志となんのかかわりももたないこと、これらの点をよく考えてみれば、この種の困難はそれがどれほど大きく見えようとも〔じっさいまた、それは、いままでこの問題をとりあつかったことのある他のすべての人々にとっても同じようにさしせまったものである〕、解決してしまうことができるであろう。

(1)「最善であるもの」を見いだすのは神であり、「最善と思われるもの」をもとめるのは人間である。

14　神は、宇宙にたいしそれぞれ異なる視点をとることによって、さまざまな実体を産みだす。しかも神の干渉によって、おのおのの実体はその固有の本性から、ある実体に起こることが他のすべての実体に起こることと対応するようになっており、たがいに直接作用しあうことはない

実体の本性はどういうものであるかがいくらかわかってきたので、次に実体相互の依存関係やその能動作用および受動作用を明らかにするようにつとめなければならない。

ところで、まず第一にはなはだ明白なことは、創造された実体が神に依存しているということである。しかも、この神は実体を保存するとともに、われわれが自分の思想を産みだすように一種の流出によってたえまなく実体を産みだしているのである。すなわち、神はその栄光を表わすために生産したほうがよいと考える現象の一般的体系を、いわばあらゆる方面から、またあらゆる方法をもって回転させ、しかも神の全知をまぬかれる関係というものはないから、世界のあらゆる面をできるだけさまざまな流儀で眺めるわけである。その場合、ちょうどある一定の所から眺めたように宇宙にたいしてそれぞれ視点をとった結果が、この視点に応じて宇宙を表出する一つの実体なのであって、そのとき神は自分の思想を実現し、この実体を生産したほうがよいと考えたわけである。そして、神の視点が常に真であるように、われわれの表象もまた真である。だ

が、われわれの判断は、われわれからでたものでありながら、われわれを欺く。

さて、前述のように、またいま述べたことからもでてくるように、おのおのの実体は神以外のいかなるものにも依存しない、一つの独立した世界のようなものである。したがって、われわれのすべての現象、すなわちいずれわれわれに起こってくるすべてのことがらは、われわれの存在からでてくるものにほかならない。そして、これらの現象はわれわれの本性にかなった、いわばわれわれのうちなる世界にかなった一定の秩序を保持しており、この秩序によってわれわれは、われわれの行為を規正するうえに有益で、しかも未来の現象の結果からその正しさが立証されるような観察を行なうことができるし、またそのようにしてわれわれはしばしば過去から未来をまちがいなく判断することができるわけだから、これらの現象がわれわれの外に存在するかどうか、他の人々もまたこの現象を認めているかどうかなどということを心配しなくても、この現象が真であると言うためにはそれで十分であろう。

とはいうものの、次のこともまったくほんとうである。すなわち、あらゆる実体の表象または表出は相互に対応しているので、どの人も自分の守ってきた一定の理由または法則に注意深く従っていれば、同じことをする他の人と一致する。たとえば、幾人かの人々があらかじめきめられた日にある所でおち合うことを相談しておいて、みながそうしようと思えば実際に会うことができる、という場合がそれにあたる。

ところで、すべての人が同一の現象を表出するにしても、だからといってその表出が完全に同じだということにはならない。ただ、その表出が比例しているだけで十分である。それはちょうど、多くの見物人がそれぞれ自分の視点に従って見たり話したりしているのに、同じものを見ていると思い、しかも実際におたがいどうし話が通じるようなものである。

個体の現象間のこうした対応の原因となって、ある個体に特有なことがすべての個体に共通するようにさせるものは、神〔すなわち、すべての個体がそこからたえまなく流出し、しかも宇宙を個体が見るように見るだけでなく、いかなる個体ともまったくちがった仕方で見ている神〕をおいてほかにない。さもなければ、そこに関係というものがなくなってしまう。そこで、「おのおの実体に起こることは、ただまったく、その実体の完全な観念または概念からでてくる結果にすぎない、なぜならこの観念はすでにあらゆる述語またはできごとをふくみ、全宇宙を表出しているからである」ということを考えてみれば、ふつうの言い方からははなれるが、ある意味において、しかも適当な意味において、特殊的実体は他の特殊的実体に作用することはなく、また作用をうけることもない、と言うことができるであろう。

じっさい、われわれに起こりうるものは思想や表象だけであり、しかもわれわれの未来の思想と表象はすべて、偶然的にではあるが、とにかくそれ以前の思想や表象からでてくる結果にすぎない。そういうわけで、もし私が、現在私の身に起こったり現われたりすることがらをすべて判明に考察することができれば、以後ずっと私の身に起こってくることがらや現われてくることがらをことごとくそこに見ることができる、と言ってもよいほどである。だから、仮に私の外にあるすべてのものが消滅したとしても、神と私だけが残っていれば、このことはやはりまちがいなく私に起こってくるであろう。しかし、われわれは、一定の仕方で知覚したものを他の事物《もの》のせいにして、それがわれわれに作用する原因であるとしているから、このように判断することの根拠を考察し、それがどれだけ真理をふくんでいるか調べてみなければならない。

(1)何かある現象がきめられたときにうまく起こるように望む場合、ふつうはそのようになるものであるが、その場合われわれは作用をおよぼしたとか、その原因であったとか言う。これは何よりもたしかなことで、たとえば、私が「手を動かす」と言われるようなことを欲する場合がそれにあたる。また、私の望むときに私が他の実体と言っているものに何かあることが起こり、たとえその実体が欲しなかったとしても、たびかさなる経験から判断してそのことが私の意志によって起こったのだと思われるような場合には、私はこの実体が作用をこうむると言う。それはちょうど、他の実体の意志に従ってそのことが私に起こる場合に、それが私自身のこうむったものであるのを認めるのと同じことである。

また、何かあることが起こるように望んだとき、なおわれわれがすこしも望まなかった別のこともいっしょに生じてくるような場合、そのことがどうして起こってきたのかを理解しておけば、やはりわれわれがそれを行なったのだということになる。また、われわれがもっと特別な意味で自分たちのものであると主張するようなある範囲の現象があって、その『実質的な』根拠がわれわれの身体と言われるものである。

そして、それに起こるいっさいのいちじるしいできごと、すなわちわれわれの身体に現われるすべての顕著な変化は、すくなくともふつうは強く感じられるから、われわれはこの身体のあらゆる受動作用を自分たちのものであると主張している。しかも、それはおおいに理由のあることである。なぜならば、たとえそのときわれわれがそれ（受動作用）に気づかなかったとしても、とにかくその結果だけはよくわかるからである。たとえば、われわれが眠っているうちにある場所から別の場所へ運ばれてしまったような場合がそれにあたる。

われわれはまたこの身体の能動作用を自分たちのものであると主張する。走ったり、たたいたり、倒れたりして、われわれの身体が、開始した運動をそのままつづけながら何かある結果を生ずる場合がそうである。しかし、私は他人の身体に起こることを自分のものであると主張することはない。というのも、私は、私の身体がそれに適当と考えられるような一定の仕方で他人の身体にむけられているのでなければ、他人の身体にどんなに大きな変化が起こっても私にはすこしも感じられないことに気がつくからである。

それゆえ、宇宙のあらゆる物体がなんらかの意味でわれわれに属し、われわれの身体と共感しているとしても、われわれがそれらの物体に起こることを自分たちのものであると主張しないということがよくわかる。すなわち、私の身体が押される場合に、私は自分自身が押されたと言うのであるが、だれかほかの人が押される場合には、たとえ私がそれに気がつくとしても、また、そのことが私のうちになんらかの受動作用を生じさせるとしても、私は自分のいる場所を私の身体の場所によって測るから、私が押されたとは言わないわけである。そして、このことばづかいは非常に合理的である。なぜならば、それは日常の実際生活において自分の考えをはっきりと言い表わすのに適当だからである。

ひとことで言えば、精神については、われわれの意志とわれわれの判断または推論は能動作用であるが、われわれの表象または知覚《サンチマン》は受動作用である、と言うことができる。身体（物体）については、われわれは、身体（物体）に起こる変化は、それがそれ以前の変化からでてくるものであるときには能動作用であるが、そうでなければ受動作用であると言う。

一般的にいって、われわれの用語に形而上学と実際生活とを両立させるような意味を与えるとすれば、多くの力が同一の変化によって影響される場合〔じっさい、いかなる変化もすべての力にかかわりをもつのであるが〕、それによってより高い程度の完全性に移行する力、あるいは同一程度の完全性をつづける力は作用をおよぼすが、それによってただちにいままでより制限されて、その結果、その表出がもっと雑然としたものになるような力は作用をこうむる、と言うことができる。

（1）以下の小活字部分は、ライプニッツの原稿に記されていたもので、後に写本をつくる段階で削除されたもの。14、15の本文を理解するうえに重要と思われるので訳出する。

15　ある有限な実体の、他の有限な実体にたいする作用というものは、神が実体相互の調和をはかっておくかぎり、その実体の表出度の増加と、他の実体の表出（度）の減少とが一つになったものにほかならない

しかし、長々とした議論にたちいらなくても、形而上学の用語と実際生活とを両立させるため

には、さしあたり次のことを指摘しておくだけで十分である。すなわち、われわれが他の実体よりも完全に表出する現象は、それだけよけいに、またそれだけの理由があって、われわれに属し、われわれ以外の実体がそれぞれそれもっともよく表出するものはその実体に属する、と。それゆえ、全体を表出するという点において無限の拡がりをもつ実体は、その表出の仕方がどれだけ完全であるかないかによって制限をうけることになる。だから、このようにして実体はたがいにさまたげあったり制限しあったりすると考えられるし、したがってまた、その意味において実体はたがいに作用しあい、いわばたがいに調和せざるをえないようになっていると言うこともできる。なぜなら、ある実体の表出を増加させ、他の実体の表出を減少させるような変化が起こりうるからである。

ところで、特殊的実体の力というものは神の栄光をいかんなく表出するところにあり、それによってこの実体は制限をうけることが少なくなる。そして、おのおのの事物《もの》は、その力すなわち能力を発揮するとき、言いかえれば作用をおよぼすとき、より善いものへと変化し、それが作用をおよぼしているかぎり、拡がってゆく。したがって、多くの実体に影響を与えるような変化が起こる場合〔じっさい、いかなる変化もすべての実体にかかわりをもつのであるが〕、それによってただちにより高い程度の完全性、すなわちより完全な表出へと移行する実体は、その能力を発揮して作用をおよぼすのであるが、より低い程度の完全性に移行する実体は、その無力をさらけだして作用をこうむる、と言うことができると思う。

そこで、私はこう考える。表象をもつ実体の能動的作用はすべてなんらかの快楽をもたらし、その受動的作用は苦痛をもたらす、そして、『その逆もまた真である』、しかしながら、現在の利益がそののちにくるいっそう大きな悪によって破壊されるということも十分ありうる、と。その結果、人は作用をおよぼすことによって、すなわちその能力を発揮することによって快楽を見いだしながらも、罪を犯すことがありうるわけである。

16　われわれの本質が表出するものには、神の異常な協力がふくまれている。なぜならば、この表出はすべてのものにおよんでいるからである。しかし、そうした神の協力は、有限でしかも一定の下位の準則に従っているわれわれの本性の力、すなわちわれわれの判明に表出する力を超越している

いまや残された問題は、神がときどき、異常な奇跡的ともいうべき協力によって、人間またはそのほかの実体に影響を与えるのはどうして可能であるかを明らかにすることだけである。というのも、実体のあらゆるできごとはその本性からでてくる結果にすぎないので、実体には異常な

ことも超自然的なことも何一つ起こりえないように思われるからである。しかしここで、われわれが宇宙における奇跡について前に述べたこと、すなわち、奇跡は下位の準則を超越しているけれども、常に一般的秩序の普遍的法則にはかなっているということを想い起こさなければならない。

と同時に、すべての人または実体が大きな世界を表出する小さな世界のごときものであるからには、この実体にたいする神の異常な作用は、それ[1]がこの実体の本質すなわち個体概念によって表出されるという点で宇宙の一般的秩序にふくまれているとしても、やはり奇跡的であると言うことができる。それゆえ、もしわれわれが、われわれの本性のうちに、それの表出するものをすべてふくんでいるとすれば、われわれの本性にとって超自然的なものは何一つないわけである。なぜならば、われわれの本性というものは、結果が常にその原因を表出し[2]、神が実体の真の原因であることによって、すべてのものにおよんでいるからである。

しかし、われわれの本性が（ほかのもの）より完全に表出するものは、ある特殊な仕方でわれわれの本性に属している。というのも、いま私が説明したように、われわれの本性の能力はその点にあるからであり、また制限されてもいるからである。そこで、われわれの本性の力のみならず、あらゆる有限な本性の力を超越しているものはじつに多いことになる。したがって、もっとはっきり言えば、奇跡や神の異常な協力は、創造された精神がいかに明敏であっても、その推理によっては予見することができないという特性をもっているわけである。なぜなら、一般的秩序を判明に理解することは、創造された精神の遠くおよばないところだからである。ところが、自然的と呼ばれるものはすべて、被造物でも理解することのできる、それほど一般的でない準則にもとづいている。

だから、ことばも意味も非のうちどころがないようにするためには、一定の言い方を一定の思想と結合するのがよいであろう。そうすれば、われわれが表出することがらをすべてふくんでいるものを、われわれの本質すなわち観念と名づけることができよう。この本質すなわち観念は、われわれと神との結合そのものを表出しているから制限をもたないし、またそれを超越するものもない。だが、われわれのうちにあって制限されたものは、われわれの本性（自然）または能力と名づけることができるであろう。この点からすれば、すべての創造された実体の本性（自然）を超越しているものが超自然的である。

（1）同じ行の「作用 action」をさす。原文では il となっているが、このままでは文意がとれなくなるので、elle と読みかえた。

（2）原因と結果に関してスコラ哲学では、「あらかじめ原因のうちになかったものは結果のうちにない」と言う。ここに、原因と結果の対応関係が成立しているわけである。

17　下位の準則すなわち自然法則の実例。それによって、デカルト派の人々やその他多くの人々にたいし、神は常に同一の力を保存しているのであって、同一の運動量を保存するのではないということが示される

私はすでに、下位の準則すなわち自然法則についてたびたび言及した。そこで、その一例をあげるのがよいと思われる。一般に当代の新しい哲学者たちは、あの有名な法則、すなわち神は常に世界において同一の運動量を保存するという法則を採用している。じっさい、この法則は非常にもっともらしいもので、かつては私もそれを疑う余地のないものと見なしていた。しかし、その後、私はどこに誤りがあるのかわかった。それは、デカルト氏をはじめその他多くのすぐれた数学者たちが、運動量すなわち運動体の速度にその大きさをかけたものは運動力と完全に一致する、あるいは幾何学的に言えば、力は速度と物体（の質量）との積に比例すると考えた点である。[①]

ところで、宇宙においては常に同一の力が保存されるというのは、きわめて合理的である。だから、さまざまな現象に注意すれば、機械的永久運動は行なわれないということがよくわかる。というのも、ある機械の力は常に摩擦《まさつ》によってすこしずつ減少し、やがてはつきてしまうはずな

ので、もし機械的永久運動が行なわれるとすれば、その機械の力は補われ、したがって外部から何か新しい衝撃をうけなくても、増加することになるからである。また、ある物体の力は、その物体がとなりあっている物体に、あるいはその物体自身の諸部分に——その部分がそれぞれ独立して運動するかぎりで——力を与える程度に応じて減少するにすぎない、ということにも気がつく。

　こうして、デカルト派の人々は、力について言えることは運動量についてもまた言えるものと信じたわけである。しかし、力と運動量との相違を示すために、私は、一定の高さから落下する物体は、もしその方向がはじめのところへもどり、しかもそれをさまたげるものがないとすれば、ふたたび落下以前の高さに昇るだけの力を獲得すると仮定してみる。たとえば振子は、空気の抵抗やその他ささいな障害によって、獲得した力をいくぶん減少するようなことにならなければ、降りはじめの高さまでふたたび完全にもどるであろう。

　私はまた、一ポンドの物体Aを四トゥワーズ[2]の高さCDまでもちあげるのに要する力は、四ポンドの物体Bを一トゥワーズの高さEFまでもちあげるのに要する力と等しい、と仮定してみる。これはすべて、当代の新しい哲学者たちも認めていることである。

　したがって、物体AがCDの高さから落下すれば、物体BがEFの高さから落下したのとちょうど同じ力を獲得することは明らかである。すなわち、Fに達した物体(B)は、〔第一の仮定によって〕Eまでふたたび昇る力をもっているから、したがって四ポンドの物体すなわちその物体自身を一トゥワーズの高さEFまで運ぶ力があり、同様にDに達した物体(A)は、Cまでふたたび昇る力をもっているから、一ポンドの物体すなわちその物体自身を四トゥワーズの高さCDまで運ぶ力がある。それゆえ、〔第二の仮定によって〕これら二つの物体の力は相等しい。

さて今度は、運動量もまた双方の物体について同一であるかどうか見てみよう。ところが、この点で、人は非常に大きな相違のあることを見いだして驚くであろう。なぜならば、CDの高さはEFの四倍であるにもかかわらず、落下CDによって得られた速度は、落下EFによって得られた速度の二倍であることがガリレイによって証明されているからである。そこで、物体A（の質量）を1として、これにその速度2をかけると、その積すなわち運動量は2となるが、他方、物体B（の質量）を4として、これにその速度1をかければ、その積すなわち運動量は4となるであろう。それゆえ、点Dにおける物体(A)の運動量は点Fにおける物体(B)の運動量の半分であるが、にもかかわらず両者の力は相等しい。したがって、運動量と力とでは大きな相違がある。これが証明しなければならなかったことである。

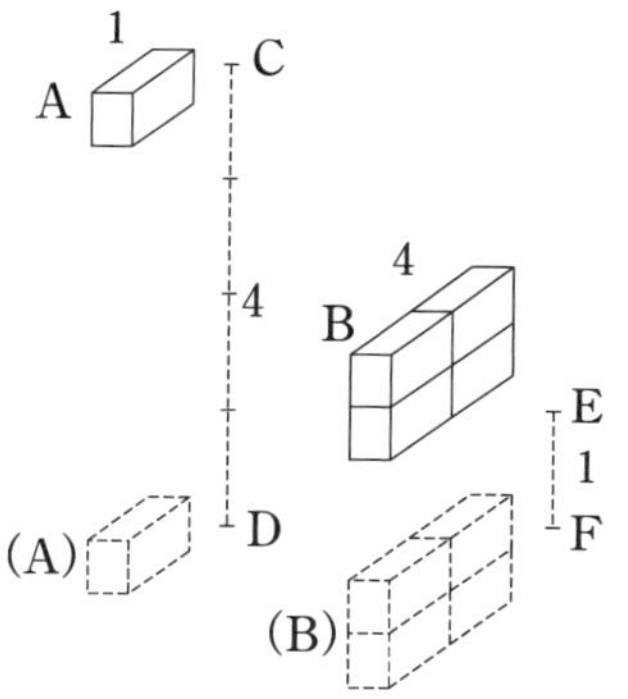

このことから、力は、それが産みだすことのできる結果の量、たとえば一定の大きさと性質をもった重さのある物体がもちあげられうる高さによって測るべきもので、物体に与えられる速度とは非常に異なるものであることがわかる。そこで、物体に二倍の速度を与えるためには、二倍以上の力を必要とする。

これほどかんたんな証明はない。デカルト氏がこの点で誤謬におちいったのは、氏の思想がまだ十分熟していなかったのにそれを過信したからにほかならない。だが、その後、氏の学派の人々がこの誤りに気づかなかったことに私は驚いている。そこで、私の恐れるのは、彼らが逍遥学派の人々を軽蔑しながらも徐々にそのまねをしはじめて、理性や自然よりもむしろ師の書物にたよるようになってしまうのではないか、ということである。[3]

(1) この点についてライプニッツは、「形而上学叙説」を書いた年と同じ一六八六年に、『ライプツィヒ学報』にある論文をのせ、デカルトの自然学の誤りを指摘した。「神はいつも同一の運動量を保存するという主張によって力学でも誤用されている自然法則に関して、デカルトその他の(なした)いちじるしい誤謬、の短い証明」がそれである。「宇宙においていつも保存されるのは、デカルトの言うような、質量と速度の積 mv で表わされる運動量ではなく、質量と『速度の平方』との積 mv^2 で表わされる力の量である」という趣旨のものである。この論文をきっかけにして、デカルト派との論争が活潑化した。後にカントもこの問題をあつかい、ダランベールは活力の量が $\frac{1}{2}mv^2$ であることを示した。

（2）長さの旧単位。一トゥワーズは、一・九四九メートル。
（3）デカルト学派の人々はデカルトの考えに従って、逍遥《しょうよう》学派（アリストテレス学派）の目的論的な物体観を軽蔑したけれども、師の物体観そのものの欠陥には気づいていない。これは皮肉なことである。

18　力と運動量との区別は、とくに、「物体のさまざまな現象を説明するには、拡がりというものからはなれた形而上学的考察によらなければならない」と判断するうえに重要である

このように力を運動量と区別して考えるのは、物理学および力学において真の自然法則や運動法則を見いだしたり、すぐれた数学者たちの著作にまぎれこんでいる多くの応用上の誤謬を正したりするのに重要であるばかりでなく、形而上学においていろいろな原理をよりよく理解するためにもきわめて重要である。なぜならば、運動は、それが正確かつ明白にふくんでいること、すなわち場所の変化ということだけをとって考えれば、完全に実在的なものではないし、また、多くの物体がたがいにその位置を変える場合に、ただこれらの変化を考察するだけでは、そのうちのどの物体が運動し、どの物体が静止しているのかを決定することができないからである。この

ことは、いま私が腰をすえてくわしく論じようと思えば、幾何学的な方法で明らかにすることもできるであろう。

ところが、力、すなわちこれらの変化の直接的な原因は何かもっと実在的なものであって、それを別の物体にではなく、むしろこの物体に帰するにはそれだけの十分な根拠がある。だから、それによってのみ、運動がとくにどの物体に属しているかを知ることができる。[1] ところで、この力は図形の大きさや運動とは何かしら異なるものである。そのために、物体において考えられるいっさいが、当代の学者たちの信じているように、もっぱら拡がりやその変様だけにあるわけではないと判断することができる。

そういうわけで、われわれは、当代の学者たちが追放してしまったある種の存在または形相を、復活しないわけにはゆかなくなっている。そして、自然のあらゆる特殊的現象は、それを理解する人々によって数学的ないし力学的に説明されることができるけれども、物体の本性の一般的原理、さらにまた力学の一般的原理は幾何学的というよりもむしろ形而上学的であり、また物体的な、すなわち拡がりをもった塊に属するよりもむしろ現象の原因である、ある不可分な形相ないし本性に属するようにますます思われてくる。以上のことをよく考えてみれば、当代の学者たちの機械論的哲学と、聡明で心のやさしい人々の慎重な態度——彼らは、人が物質的でないもの（精神的なもの）からあまりに遠ざかって、信仰心をそこなうようになりはしないかと恐れているが、そうした懸念《けねん》にはそれなりの理由がある——とを和解させることができるであろう。②

（1）この点については、15参照。また「モナドロジー」八、九節参照。
（2）「小品集」に収載した「学問的精神について」（一七三ページ）参照。

19　物理学における目的因の有効性

私は、人々を悪く解釈するのを好まないので、当代の新しい哲学者たち①が物理学から目的因②を追放することを主張したからといってとりたてて非難はしないが、それでも、この見解からでてくる結果は私には危険なものに思われるということを認めないわけにはゆかない。とくに、この見解を、私がこの叙説のはじめのところで反駁《はんばく》した見解、すなわち、神が作用をおよぼすにあたっていかなる目的も善も目ざしていないかのように、また善が神の意志の対象ではないかのように、目的因をまったくとりのぞこうとするようにみえる見解③と結びつけるとき、危険なものに思われてくる。そこで私としては、この見解と反対に、神は常にもっとも善いもの、もっとも完全なものを目ざしているから、あらゆる現実存在の原理および自然法則の原理は、目的因にこそもとめなければならない、と考える。

いかにも私は、われわれが神の目的すなわち神意を規定しようとするときには誤りにおちいりやすいものだ、ということを認めたいと思う。しかし、そういうことになるのは、われわれが、神はじっさいには同時にすべてを考慮しているのに、ただ一つのことしか念頭においていなかったと思いこんで、神の目的をある特殊な意図に限定しようとするときだけである。たとえば、神がわれわれのために世界全体をつくったとか、前に定めた原理に従えば、宇宙においてわれわれとかかわりをもたないものはなく、またわれわれにたいする神の配慮と調和しないものはないということもきわめて真実であるが、だからといって神はわれわれのためにだけ世界をつくったと考えるならば、それは大きな誤りである、というような場合がそれにあたる。だから、何か善い結果が起こったり、なんらかの完全性が神の仕事から生じてきたりするのをみれば、われわれは、神がはじめからそれを目ざしていたのだと確信をもって言うことができる。というのも、神の行ないには何一つ偶然というものはなく、したがって神は、ときどき知らないあいだに善い行ないをするようなわれわれとは似ても似つかないからである。

それゆえ、この点（神の目的を考えるという点）において人は、極端な政略家が君主の意図のうちに実際以上の策略を想像したり、注釈家が自分の研究している著者のうちに実際以上の学識をさがしもとめたりするようなあやまちを犯すことはとうていありえない。神の無限な知恵には、いくら考えても考えすぎるということがないほどの熟慮がはたらいているのである。そこで、ただ肯定だけしていて、神の意図を限定するような否定的命題をここではさしひかえていれば、いかなることがらにおいても誤謬を恐れることはないのである。

動物のみごとな構造を見る人はだれでも、万物の創造者の知恵を認めたくなるものである。そこで私は、すこしでも敬虔な気持があり、そのうえすこしでも真の哲学を考えようとする人々にたいしては、たまたま目があるから見えるのであって、見るために目がつくられたわけではないなどと主張している、いわゆる自由思想家④たちのことばに近づかないよう忠告する。

もしこのような、すべてを物質の必然に帰したり、ある偶然に帰したりする意見〔いずれも、われわれがいま説明したことを理解する人々にはこっけいに思えるはずであるが〕を本気で考えるようになると、叡知的な自然の創造者を認めることは困難になる。なぜならば、結果はその原因に対応すべきものであり、しかも原因を知ることによってもっともよく知られるのに、万物を支配する最高の叡知を導きいれておきながら、次に現象を説明する段になるとその知恵を用いないで物質のいろいろな特性だけを用いるというのは、理に反するからである。

それはあたかも、歴史家が、偉大な君主がある重要拠点をうばって征服した事実を説明するために、その征服者が先見の明によって適当な時と手段を選んだ経過や、彼の能力があらゆる障害にうちかったありさまなどを示さないで、「火薬の微小な物体が、火花と接触したために、要塞の壁にむかってかたく重い物体を押しだすことのできる速度で噴出したのであるが、その間、銅の砲身を構成している微小な物体の分枝はしっかりとからみあっていたので、この速度では分解することがなかったからだ」などと言いたがるようなものである。

(1) デカルト派をさす。

(2) 「動力因」「目的因」はアリストテレスに由来することば。彼によると、実体は個体の生成変化によって自己を実現し、この運動に四つの原因がある。a質料因、b形相因、c動力因、d目的因。これを家にたとえると、aは家屋建築の材料、bは建てられるべき家の形、cは動力としての手や道具、dは住むという目的。このうちcが、後に自然科学的な因果律に結びつけられて展開されるようになった。

(3) スピノザの考えをさす。

(4) 一〇三ページ参照。

20 プラトンの作品の中で、あまりにも唯物論的な哲学者に反対するソクラテスの注目すべきことば

いま述べたことは、私に、プラトンの『パイドン』にある、ソクラテスの美しいことば(1)を思いださせる。彼のことばは、この点についての私の意見と驚くほど一致していて、当代のあまりにも唯物論的な哲学者たちに反対するためにわざわざ書かれたものかと思われるほどである。だから、こうした関係もあって、私は、少々長くなるがそのことばを訳してみたいと思った。おそら

くこの見本は、われわれのうちのだれかに、かの名高い著者（プラトン）の作品にみられる、他の多くの美しいしっかりした思想を知らせる機会を与えることができるであろう。

私はある日、とソクラテスは言った、だれかがアナクサゴラス②の本を読んでいるのを耳にした。それには次のようなことばがあった、「叡知的な存在はあらゆる事物《もの》の原因であって、それが事物を適当に配置し、またその価値をたかめたのである」。私はそのことばが非常に気に入った。もし、世界がある叡知の結果であるならば、すべてのものはこのうえなく完全にできていることになる、と思ったからである。そういうわけで、私は、なぜ事物が生成したり、消滅したり、存続したりするのかという理由を説明しようとする人は、おのおのの事物の完全性にふさわしいものを探究しなければならないと考えた。そうだとすれば、人間は、自己のうちに、または何かほかのもののうちに、もっとも善くもっとも完全なものだけを考察すればよいということになるであろう。なぜかといえば、完全なものと不完全なものについては同一の知識しか存在しないので、もっとも完全なものを知る人は、それによって、何が不完全であるかを容易に判断するようになるからである。

万事そのように考えていたので、私は、ものごとの理由を教えることのできる先生が見つかったと喜んだ。たとえば、大地は平らでなくてまるいのかどうか、なぜ大地はそうなっているほうがそうなっていないよりもよいのか、といった理由である。……さらに私は、大地が宇宙の真中にあるとかないとかいう場合、なぜそれがもっともふさわしいのかという理由を、アナクサゴラスが説明してくれるものと期待していた。太陽、月、星およびその運動についても、同じように説明してくれるものと期待していた。……最後に、おのおのの事物にふさわしいものを個別的に示したあとで、一般的には何がもっとも善いものであるのか示してくれるものと期待していた。

こうした期待に胸をふくらませて、私はたいへん熱心にアナクサゴラスの本をもとめては読みあさった。ところが、私の計算はみごとはずれていることがわかった。というのも、アナクサゴラスがさきに支配者としてのあの叡知をもちだしておきながら、すこしもそれを用いていないこと、もはや事物の価値をたかめることについても、その完成についても語っていないこと、またあまりほんとうらしく思われないエーテルといったような物質を導入していることなどを見て、私は驚いたからである。

その点で、アナクサゴラスは次のように言う人と同じことになるであろう。すなわち、「ソクラテスは叡知的にことを行なう」と言っておきながら、あとで彼の行動の原因を個別的に説明するというときになると、「ソクラテスは骨と肉と筋でできた身体をもっているから、ここにすわっているのだ。骨はかたいが、それにはすきままたは関節がある。筋は張りつめたりゆるめたりすることができる。そのために身体はまげることができ、だから結局、私はすわっているのだ」

と言う人と同じことになるであろう。

あるいはまた、私がいましているこの話を説明しようとして、空気とか音声器官とか聴覚器官とかいった類のものにたより、真の原因、すなわちアテナイの人々が私を無罪放免するよりも有罪にしたほうがよいと考えたとか、私としては逃亡するよりもここにすわっているほうがよいと考えたとかいうことを忘れている人々と同じことである。じつのところ、そうした真の原因がなければ、すなわち、私が、祖国の加えようとする刑罰を甘受するほうが、追放者として他国を放浪しながら生きることよりも正しく、りっぱなことであると考えなかったならば、とっくにこの筋もこの骨もボイオティア人やメガラ人のところに行っていることであろう。それゆえ、この骨やこの筋やその運動などを原因と呼ぶのは不条理である。

たしかに、骨も筋もなければ私はそうしたことをいっさい行なうことができないと言う人にも一理あるが、しかし真の原因となっているものと、……それがなければ原因が原因でありえない条件とは別のものである。……

たとえば、周囲にある物体の運動が大地をそのままにささえているのだ、とだけ言う人は、神の力によってすべてのものがこのうえなく美しく配置されていることを忘れているのであり、世界を結合し形成し維持しているものは善や美なのだ、ということを理解していないのである。

……

ここまでがソクラテス（のことば）である。プラトンでは、イデアすなわち形相についてこのあとにでてくることも同様にすぐれているが、しかし若干むずかしい。

（1）『パイドン』97 b～99 c。

（2）前五世紀ごろのギリシアの哲学者。混沌状態にあった万物を知性（ヌゥス）が秩序づけることで世界は形成された、と説いた。

21　もし、力学の法則が幾何学だけに依存して形而上学を欠くとすれば、現象はまったくちがったものになるであろう

ところで、神の知恵は、個々の物体の力学的構造の細部において常に認められてきたのだから、世界の全体的組織においても、自然法則の構成においてもまた現われているはずである。これはまったくほんとうのことで、そのために運動一般の法則にもこの知恵の配慮が認められるほどである。それというのも、もし物体には拡がりをもった塊しかなく、運動には場所の変化しかないとすれば、また、もしすべてのことがこれらの定義だけから幾何学的必然によって演繹されるはずであり、実際に演繹されうるとすれば、そこから、私がほかのところで示したように、どんな

小さな物体でも、静止している物体――それがどれほど大きな物体であっても――に衝突すると、それに自己のもつ速度と同じ速度を与えて、しかも自己の速度はすこしも失わないことになってしまうであろう。そして、ほかにもこのような、一つの体系の形成にまったく反する多くの法則を許容しなければならなくなるであろう。ところが実際には、全体として常に同一の力と方向とを保存しようとする神の知恵(1)の決定は、一つの体系を形成するために入用なものを供給したのである。

さらに、私は、自然の多くの結果は二重に証明することができると考えている。すなわち、一つは動力因の考察による証明であるが、それとは別に目的因の考察による証明もある。この目的因による証明というのは、たとえば常にもっとも容易な、もっとも明確な手段によってその結果を産みだそうとする神の決定を用いて行なう証明であって、私がほかのところで反射光学と屈折光学の法則を説明したさいに示したものである。これについては、いずれもっと述べることになろう。

(1) こういう神の知恵について、後年の作品では次のようにまとめている。「神の最高の知恵は神に、とくに運動法則をえらばせた。その運動法則というのは、もっともよく整ったもの、しかも抽象的理由すなわち形而上学的理由にもっともふさわしいものである。そこでは全体的、絶対的な力すなわち作用の同一量、相対的な力すなわち反作用の同一量が保存され、最後に方向的力の同一量が保存されている。おまけに作用は反作用にいつもひとしく、結果全体はいつもその原因全体にひとしい」(『理性にもとづく自然と恩寵の原理』一一)。

22 自然を機械的に説明する人々も、物質的でないものにたよる人々もともに満足させるために、目的因によるものと動力因によるものとの二つの方法を両立させること

ある動物の最初の組織の形成やその各部分の機構全体の形成を機械的に説明しようとする人々と、この同じ構造を目的因によって説明する人々とを和解させるためには、いま述べたような注意をしておくのが適当である。いずれの説明も、偉大な職人の技巧に敬服するためだけでなく、物理学や医学において有益なことがらを発見するためにも、ともに正しいし、ともに役だつことができる。そこで、こうした相異なる道をゆく著作家たちはたがいに傷つけあってはならないのである。

私がそのように言うのも、「聖なる身体《アナトミー》の美しさ」①を説明することに熱中している人々が、偶然とみえるある液体の運動から、非常に美しいさまざまな肢体がつくられたのだと思っている人々を嘲笑し、むこうみずで不敵なやから呼ばわりするのを見ているからである。ところが、こ

の後のほうの人々は、反対に前の人々を単純な迷信家としてあつかい、自然学者たちが雷はユピテルが鳴るのではなく雲の中にある何かの物質が鳴るのだと主張したとき、彼らを不道徳だと見なした古代の人々に似ていると思っている。

最善の道は両者の考察を結びつけることであろう。というのは、もし俗な譬《たとえ》を用いることがゆるされるとすれば、私がある職人の技巧を認めてほめたたえるときには、彼がその機械のいろいろな部分をつくるさいにあらかじめどんな意図をもっていたかを示すばかりでなく、その各部分をつくるのに用いた道具、とくにその道具が単純でしかも巧妙に工夫されている場合、その道具をも説明することになるからである。そして、神はたいへんすぐれた職人であるから、われわれの身体より千倍も精巧な機械をつくるのにも、きわめて単純でしかも明瞭に調合されたいくつかの液体しか用いないし、したがって、その液体を適当にまぜあわせてすばらしい結果を産みだすのにも、ふつうの自然法則しか必要としない。しかし、もし神が自然の創造者でないとしたら、このようにはゆかないであろうということもまたほんとうである。

しかしながら、動力因による方法は（目的因による方法よりも）じっさいにもっと深遠であり、ある意味ではもっと直接的でア・プリオリであるから、細部にいたるとかえって非常にむずかしいものになると思う。当代の哲学者たちは、多くの場合まだとてもそこまでいっていないと考えられる。だが、目的因による方法はもっと容易であり、これ以外のむしろ物理学的な道をゆけばさがしだすのに非常にてまのかかる重要で有益な真理を見ぬくために、とにかくしばしば役だっている。解剖学はそのいちじるしい例を提供することができよう。

そこで、私が思うには、屈折の法則を最初に発見したスネリウス[2]も、もしはじめから光線はいかにしてできあがるのかということを探究しようとしたならば、それらの法則を発見するのにもっと長い時間を要したであろう。ところが、明らかに彼は、古代の人々が反射光学にたいして用いた方法、すなわち、まさしく目的因による方法に従ったのである。というのも、与えられた平面での反射によって、与えられた一点から他の一点へ光線を導くのにもっとも容易な途をもとめること〔それが自然の意図であると仮定しよう〕によって、古代の人々は入射角と反射角とが等しいことを発見したからである。これは、ラリッサのヘリオドロス[3]の小論文その他に見ることができる。

私の考えでは、この方法をスネリウス氏が、そして氏のあとで〔氏について何も知らなかったにもかかわらず〕フェルマ氏[4]がもっと巧妙に光線の屈折に応用したのであった。それというのも、「光線が同一の媒体内で同一の正弦比、すなわちその媒体の抵抗の比を保つときには、それがある媒体内の与えられた一点から他の媒体内の与えられた一点にいたるのにもっとも容易な、すくなくとも、もっとも明確な途である」ことが見いだされるからである〔図1〕。そして、この同じ定理の証明をデカルト氏は動力因による方法で与えようとしたのだが、とてもいま述べたやり

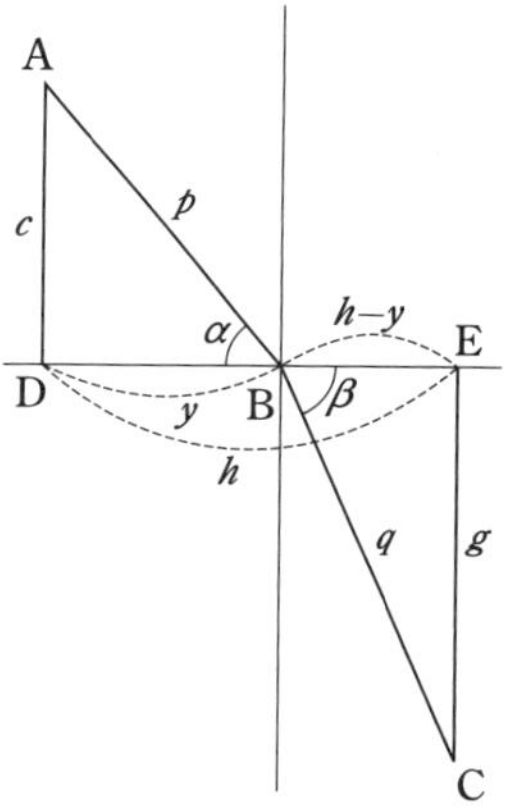

図1　ここの叙述はあいまいである。ライプニッツが1682年の光学論文で述べているところはこうなっている。「入射角の余角の正弦と屈折角のそれとの比は、媒体の抵抗の比に逆比例する」

図において、入射の側の抵抗をm、屈折の側の抵抗をnとし、入射角をα、屈折角をβとする。また、AD$=c$、CE$=g$、DE$=h$、DB$=y$、AB$=p$、CB$=q$

とすれば、$p=\sqrt{c^2+y^2}$、

$q=\sqrt{g^2+h^2-2hy+y^2}$

そこでいま$S=mp+nq=m\sqrt{c^2+y^2}+n\sqrt{g^2+h^2-2hy+y^2}$を考え、Sは$y$を変数とする関数であるとして微分係数を求めると、

$$\frac{dS}{dy}=m\frac{2y}{2\sqrt{c^2+y^2}}+n\frac{2y-2h}{2\sqrt{g^2+h^2-2hy+y^2}}$$

$$=\frac{my}{p}+\frac{n(y-h)}{q}$$

$S=mp+nq$の値が極小となるのは、微分係数が0となる場合である。

そこで、$\frac{my}{p}+\frac{n(y-h)}{q}=0$とすると、$mqy=np(h-y)$がえられる。

ここで$p=q$の場合をとると、$my=n(h-y)$　$\therefore\frac{m}{n}=\frac{h-y}{y}$

これが冒頭の法則を示している。mは入射媒体の抵抗、nは屈折媒体のそれ、yは入射角の余角の正弦、$h-y$は屈折角のそれを示しているからである。

方ほどうまくいってはいない。すくなくとも、彼がオランダでスネリウスの発見について何も知ることがなかったならば、彼はけっしてその証明を動力因による方法で見いだすことができなかったのではないか、と疑う余地がある。

(1) このことばの意味はよくわからない。おそらく、解剖において明らかにされた人体が、神々しいほど美しいものであることをさすと思われる。

(2) 一五九一〜一六二六。オランダの数学者、物理学者。ライデン大学教授。光の屈折現象を実験的に研究し、屈折の法則を発見した。また三角法によって地

球の大きさを測定した。

（3）四世紀ごろのギリシアの数学者。反射光学に関する断片が残っている。

（4）一六〇一～六五。フランスの数学者。「フェルマの定理」で有名。解析幾何学の開拓者。経過時間の最小値で光線の通路を規定するフェルマの原理を立てて、光線の屈折法則を説明した。

23 ふたたび物質的でない実体にもどり、神はどのようにして精神の悟性に作用するのか、また人は自分が考えているものの観念を常にもっているのかどうかを明らかにする

私は、物体に関して、こうした、目的因や物質的でないものや叡知的原因などの考察をいささか力説し、それらを物理学や数学にまで用いるということを知らせるのが適当であると考えた。それは、一方では、機械論的哲学の負っている不敬の烙印《らくいん》をぬぐいさるためであり、他方では、当代の哲学者たちの精神をたかめて、物質的な考察のみをこととせずにもっと高尚な省察へむかうようにさせるためであった。いまや、物体から物質的でないもの、とくに精神へとたちもどり、神はどのような方法を用いて精神を啓発し、また精神に作用するのかという点について何か述べるのが適当であろう。だが、そこには一定の自然法則もまた存在することを疑ってはならない。

これについては、ほかのところでもっとくわしく論ずることもできよう。いまはただ、観念についていくらかふれ、われわれはすべてのものを神のうちに見るかどうか、神はどのようにしてわれわれの光であるのかということに言及すればそれで十分であろう。

ところで、観念の悪用が多くの誤謬をひき起こすことに注目するのは適当であろう。というのも、人はあるものについて思考するとき、そのものの観念をもつと思っているし、しかもそれを根拠にして昔の哲学者も今の哲学者も神の（存在）証明をうちたてたわけであるが、その証明は非常に不完全なものである。すなわち、彼らの言うところによると、「私は神を考える。だが、観念なしに考えることはできない。それゆえ、私は、まさしく神の観念、すなわち完全な存在の観念をもっているはずである。ところで、このような存在の観念にはあらゆる完全性がふくまれていて、それが現に存在することも一つの完全性である。したがって、神は現に存在する」というわけである。①

しかし、われわれが不可能な空想、たとえば最高の速度②とか最大の数とか、コンコイド（図2）がその底すなわち基線に交わるとかいうことを考えることもたびたびあるのだから、この推理は十分なものではない。それゆえ、問題になっていることがらが可能であるかないかによって、真の観念と偽の観念とがあると言えるのは、この意味においてである。それで、あるものの可能性を確信したときにはじめて、人はその観念をもっていると自負することができる。だから、すぐなくともいまの議論は、もし神が可能であるならば、神は必然的に存在するということの証明である。現実に存在するために、その可能性すなわち本質しか必要としないというのは、じっさい神の本性のすぐれた特権であって、それこそまさに『それ自身による存在』と呼ばれているものなのである。

（1）いわゆる「神の本体論的証明」がこれである。イタリア出身の神学者アンセルム（一〇三三〜一一〇九）に始まる。深い信仰を論理化したものと考えられ、デカルトもアルノーもこの証明を奉じている。ライプニッツもこの証明がまったくまちがっているというのではない。ただ、十分ではないというのである。

（2）車輪が最高の速度で回転しているとする。その車輪の輻《や》を延長すると、その先端は明らかにもとの車輪の周囲にある釘よりもはやく回転するであろう。そうなると、もとの車輪の運動は最高速度ではなくなる。

24　明晰な認識とあいまいな認識、判明な認識と雑然とした認識、十全な認識（と十全でない認識）、直観的認識と仮定的認識とは何か。名目的、実在的、因果的、本質的定義とは何か(1)

観念の本性をもっとよく理解するためには、いろいろな種類の認識についていくらかふれなけ

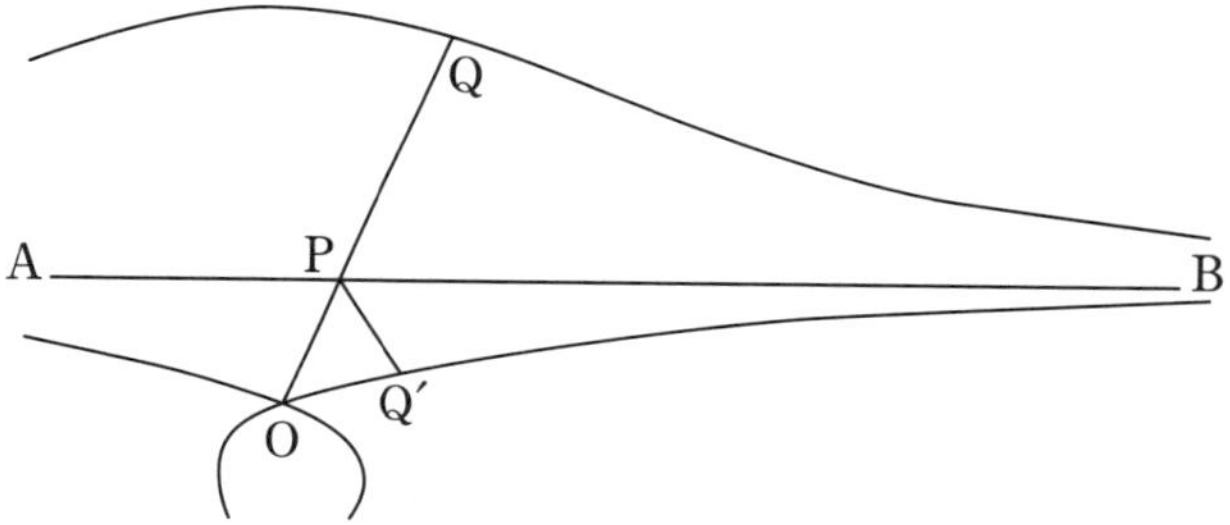

図2　ニコメデス（前2世紀）が立方体倍積問題を解こうとして発見した曲線。定点Oと定直線ABとが与えられ、Oを通る直線をひき、ABとPで交わらせ、OPの延長上にPQ＝l（一定）なる点をとったとき、点Qの軌跡がコンコイド（螺獅線）であり、直線ABは漸近線になる。この場合コンコイドと直線ABとが結局において交わると考えるのは、錯覚である。

ればならない。私があるものを他のもののあいだに認めることはできても、その相違や特性がどこにあるのか言うことができない場合、その認識は雑然としている。われわれがときどき、ある詩なり絵画なりのできがよいか悪いかを明晰に、すなわちいささかの疑いももたずに認識する場合がそれにあたる。というのも、そこには、何かわからないがともかくわれわれに満足を与えるもの、あるいは不快な感じを与えるものがあるからである。しかし、私のもっている基準を説明することができる場合には、その認識は判明だと言われる。貨幣検査官が、金の定義になっている一定の証拠や基準を用いて真の金と偽の金とを見わけるときの認識がそうである。

しかし、判明な認識にはいろいろの度合がある。ふつう、定義にはいってくる諸概念はそれ自身また定義を必要とするものであって、雑然としか認識されていないからである。けれども、定義すなわち判明な認識にはいってくるものがすべて、原初的概念②にいたるまで、判明に認識される場合には、私はこの認識を十全であると言う。また、私の精神がある概念のあらゆる原初的成分を一度に、しかも判明に理解するときには、精神はそれについての直観的認識をもつことになるが、こうした認識はきわめてまれであって、人間の認識の大部分は雑然としているか、あるいは仮定的であるにすぎない。

（図3）

また、名目的定義と実在的定義とを区別したほうがよい。ところで、定義された概念が可能であるかどうかをまだ疑うことができる場合、私は名目的定義と呼ぶ。たとえば、私が、「無限らせんというのはその諸部分が合同である、すなわちたがいに重なりあうことのできる、一本の立体的な線である」と言う場合である。しかし、他面から言えば、無限らせんが何かを知らない人は、その定義が実際に無限らせんの換位可能③な性質であっても、このような線が可能であるかどうかを疑うことができるであろう。なぜならば、ほかに諸部分が合同であるような線〔それは円周と直線だけである〕をもとめると、それは平面的である、すなわち『平面上に』描くことができるからである。このことは、換位可能な性質はすべて名目的定義に役だつことができる、ということを示している。

しかし、その特性がものごとの可能性を認識させる場合には、実在的定義となる。人は、名目的定義しかもたないかぎり、そこからひきだされる結論に確信をいだくことはできない。というのも、もしその定義になんらかの矛盾または不可能がひそんでいるとすれば、そこから反対の結論をひきだすこともできるからである。それゆえ、真理は名目にもとづくものではなく、またある最近の哲学者④たちが信じたように、任意的なものでもないのである。

そのうえ、実在的定義⑤の種類にもいろいろあって、そこにはまた多くの相違がある。すなわち、可能性が経験によってしか証明されない場合、たとえば水銀の定義にあるように、非常に重いけれどもかなり気化しやすい液体が実際に存在することがわかっているために、その可能性が知られるような場合、その定義はたんに実在的であって、それ以上のものではない。しかし、可能性の証明がア・プリオリになされる場合には、その定義は実在的であるとともに因果的でもある。たとえば、定義にそのものの生成が可能であることがふくまれているような場合である。そして、定義によって分析が最後まですすめられて、ついに原初的概念にいたり、その可能性のア・プリオリな証明を必要とするものを何一つ前提しなくなれば、その定義は完全である、すなわち本質的である。

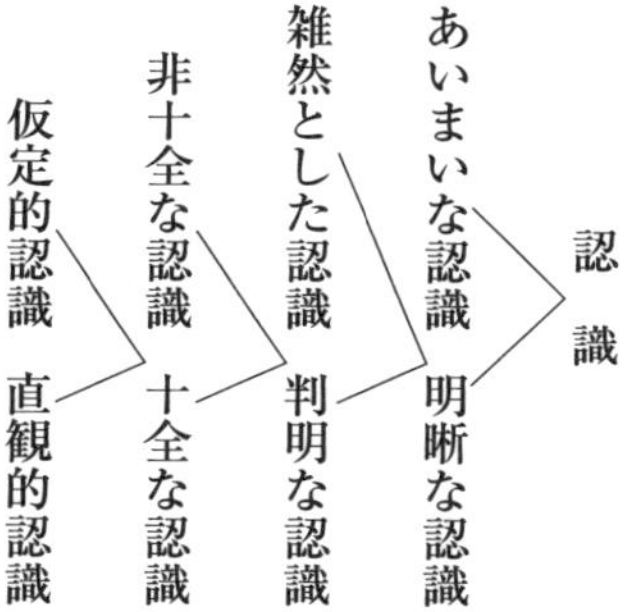

図 3

（1）当時、観念や認識の本性について、アルノーとマルブランシュとのあいだに論争が交わされていた。この論争に刺激されてライプニッツは、「形而上学叙説」より二年前に、「認識、真理、観念に関する考察」を『ライプツィヒ学報』に発表した。この24はそれの要約である。

（2）**notion primitive.** 認識の究極的要素としての概念（「モナドロジー」では、原初的観念 idée という語が用いられている）。ライプニッツは、認識をこういう原初的概念にまで分析し、それらにそれぞれの記号を与え、記号の操作によって既知の真理を整理するだけでなく、未知の真理を発見できるという見地から、普遍的記号法の開拓に生涯努力した。もちろんこれに関してはさまざまな困難が自覚されることになったが、彼の努力はいくつもの成果を（とくに数学の領域で）生んだ。位置解析や微積分学はそのいちじるしい例である。

（3）らせんが合同な曲線、つまり「たがいに置きかえることのできる曲線」の積み重ねから成っていることをさしていると思われる。

（4）イギリスの哲学名トマス・ホッブズ（一五八八～一六七九）をさす（ホッブズ『哲学原理』第一巻第二、三章）。

（5）実在的定義の特性は結局次の二点に帰着する。a要素になっている原初的概念をすべてとりだす。bそれらがたがいに相いれ、矛盾しないことを明らかにする。

25　どんな場合に、われわれの認識が観念をくまなく観《み》ることと結合されるか

　ところで、ある概念が不可能な場合、われわれがそれについていかなる観念ももたないということは明白である。また、認識も仮定的にすぎない場合は、たとえ観念をもっていても、われわれはそれをくまなく観ることがない。なぜならば、そのような概念は、「不可能であることが明らかになっていない概念」を認識するのと同じ仕方でしか認識されないし、たとえその概念が可能であるにしても、こうした認識（観念をくまなく観る認識）の仕方によってそれを知るわけではないからである。

　たとえば、私が千とか千角形とかを考える場合、〔私が千は百の十倍であると言うときのように〕その観念をくまなく観ることなしにそうすることがしばしばある。しかもその場合十とか百とかが何であるかを苦労して考えることがない。というのも、私はすでにそれを知っているものと仮定し、あらためてそれを考える必要があるとは思わないからである。

　そこで、ある概念が実際には不可能であるか、あるいはすくなくとも私が結合しようとする他の概念と相いれないのに、それを理解しているものと仮定したり、思ったりするという点で、私がまちがいを犯すことは十分ありうるし、また事実かなり頻繁に起こっていることなのである。しかも、私がまちがえるにせよ、まちがえないにせよ、この仮定的な考え方は変わらない。したがって、われわれが概念についての完全な観念をみるのは、われわれの認識が雑然とした概念において明晰である場合か、あるいは判明な概念において直観的である場合かのいずれかにすぎない。

26 われわれは自己のうちにあらゆる観念をもっているということ、ならびにプラトンの想起説について

観念とは何かをよく考えてみるためには、あらかじめあいまいな表現をさけておかなければならない。というのも、多くの人々は観念をわれわれの思想の形式または区別と考えているからである。もしそのように解すると、われわれは、観念を考えているあいだしかその観念を精神のうちにもっていないことになるし、また、われわれがあらたに観念を考えるたびごとに、同じものについて、前の観念と似てはいるがやはり別な観念をもつということになる。

だが、そのほかに、観念を思想の直接的対象、すなわちわれわれがそれをくまなく観ていないときにもそのまま残る何か永遠の形相のようなもの、と考えている人々[1]もあるように思われる。じっさい、われわれの魂は常に、何か本性とか形相とかいったものを考える機会がくると、それを思いうかべるという性質を自己のうちにもっているものである。私は、何か本性とか形相とか本質とかいったものを表出するという、われわれの魂のもつこの性質が本来の意味における事物《もの》の観念であって、それはわれわれのうちにある、しかもわれわれがそれを考えているといなとを

問わず常にわれわれのうちにある、と思う。なぜならば、われわれの魂は神と宇宙を表出するとともに、あらゆる本質およびあらゆる現実存在を表出しているからである。

これは、私の諸原理と一致する。というのも、自然的には何ものも外からわれわれの精神のうちにはいってこないからであって、あたかもわれわれの魂が外から遣わされた何かある形質[2]をうけいれるかのように、また魂が戸口や窓をもっているかのように考えるのは、われわれのもっている悪い習慣である。われわれは、精神のうちにこれらの形相をすべてもっているのであり、いかなるときにももっているのである。なぜならば、精神は常におのれの未来の思想をすべて表出しているし、いずれ判明に考えるようになるいっさいのことを、雑然としてではあるがすでに考えているからである。だから、われわれがすでに精神のうちに観念をもち、その観念が材料となってその思想が形成されるようなものでなければ、何事もわれわれには知ることができない。

これは、プラトンがかの想起説[3]をとなえたとき、非常にうまく考察したものである。彼の想起説は、それを正しく解釈し、前世というような誤った考え方を除いて、「魂がいま学んだり考えたりしていることは、昔すでに判明に知ったり考えたりしたはずである」などと思わなければ、非常にしっかりした根拠をもっているものである。プラトンはまた、その見解をみごとな実験によって立証した。すなわち、一人の少年をつれてきて、彼には何も教えずに、ただ順を追って適当に質問するだけで、不可通約数[4]に関する幾何学のたいへんむずかしい真理へと知らず知らずのうちに導いていったのである。[5]

これによって、次のことが明らかになる。われわれの魂はそういうことをすべて潜在的に知っているから、真理を認識するにはただ注意を必要とするだけであり、したがってわれわれの魂はすくなくとも、これらの真理が依存する観念をもっているのである。そのうえ、真理を観念の関係とみるならば、われわれの魂はすでにこれらの真理を所有していると言うこともできる。

(1) デカルトやマルブランシュをさす。
(2) がんらいスコラ学者の用語。知覚の対象である物体から、一定の形をした分子がとびだして、知覚するもののなかにはいり、そこで再構成されて一定の像となる、そういう分子をいう。
(3) 真理の認識に関するプラトンの説。真理は、肉体と結合する以前の霊魂にすでに与えられていたものであり、肉体の迷妄にさまたげられているのを常とするが、事実の知覚を機会として想起されるものである。
(4) 整数の比で表わすことのできない数、つまり無理数。
(5) 『メノン』82 a～85 b。

27　どうしてわれわれの魂は空白な板にたとえることができるのか。また、どうしてわれわれの概念は感覚に由来するのか

アリストテレスはむしろ、われわれの魂を、まだ空白で書きこむ余地のある板にたとえるのを好み、われわれの悟性のうちには感覚に由来しないものは一つもないと主張した[1]。これは一般の人々の考えにいっそうよく合致しているが、それこそまさにアリストテレスのやり方である。ところが、プラトンはもっと根底にせまっている。だが、この種のもっともらしいことばや実用に便宜なことばも、ふつうには通用することができるのであって、たとえば周知のようにコペルニクスの説に従う人でもやはり、太陽が昇るとか沈むとか言うのとほとんど同じことなのである。そのうえ、私はしばしば、人がこのようなことばに正しい意味を与えることができるのを知っているし、その意味に従えば、このことばにはすこしもまちがったところはないのである。それは、私がすでに指摘したように、どうしたら特殊的実体はたがいに作用しあうと真に言うことができるのか、というのと同様である。また、これと同じ意味で、われわれは感覚の助けによって外から知識をうけとる、と言うこともできよう。なぜならば、外界の事物《もの》は、われわれの魂を一定の思想に限定する理由をとくにふくんでいるか、または表出しているからである。しかし、形而上学的真理の厳密さが問題となる場合には、われわれの魂の拡がりと独立を認めることがたいせつである。われわれの魂は、一般に考えられているよりも無限に遠くまでいっているのである。けれども日常生活の用語では、他のものより明らかに意識されるもの、また特別な仕方でわれわれに属するものだけが、われわれの魂に帰せられている。もっとさきにいってもなんの役にもたたないからである。

とはいうものの、あいまいな表現をさけるために両方の意味に合ったことばを選ぶことが肝要であろう。それで、人が考えているといなとを問わず、とにかくわれわれの魂のうちにあるこれらの表出は観念と呼ぶことができるが、人が考えたり形成したりする表出は概念と言うことができる。だが、どのように解釈しても、われわれの概念がすべていわゆる外的な感覚に由来するというのはやはりまちがいである。なぜならば、私が自己および自己の思想についてもっている概念、したがってまた、存在・実体・作用・同一性その他多くのことについてもっている概念は、内的経験に由来するからである。

（1）アリストテレス『精神について』第三巻第四章四三〇A—I。

28　神だけが、われわれの外に存在する「われわれの表象の直接的対象」であり、神だけがわれわれの光である

ところで、形而上学的真理の厳密さから言えば、神以外に、われわれに作用をおよぼす外的原因はない。われわれがたえず神に依存していることによって、神だけがわれわれと直接に交渉をもつのである。そのことから、われわれの魂にふれて、直接われわれの表象を喚起するような外

的対象はほかにはない、ということがでてくる。だから、われわれが魂のうちにあらゆるものの観念をもっているのは、神がわれわれにたいしてたえず作用をおよぼしているためにほかならない。言いかえれば、結果はすべてその原因を表出するからであり、また、そのようにして、われわれの魂の本質が、神の本質・思想・意志およびそこにふくまれているあらゆる観念の、一定の表出・模倣あるいは映像となっているからである。

　したがって、神だけが、われわれの外にあるわれわれの直接的対象であり、われわれは神をとおしてすべてのものを見る、と言うことができる。たとえば、太陽や星を見る場合、神がわれわれにその観念を与え、それを保存し、われわれの感官が神の定めた法則に従って一定の仕方で配置されるときに、通常の協力によって、じっさいにわれわれが太陽や星を考えるように決定するのである。神は魂の太陽であり、光である。『この世にくるすべての人を照らす光』[1]である。

　だが、人がこうした意見をもつのは、何も今日にはじまったことではない。聖書や教父たちは、常に、アリストテレスよりもむしろプラトンに味方してきた。その後、私がかつて指摘したと記憶するように、スコラの時代にも、多くの人々が、神は魂の光である、[2]すなわちスコラ流に言えば『理性的魂の能動的知性』[3]であると信じていた。アヴェロエス派[4]の人々はそれを悪い意味にまげて解釈したが、他の人々――そのなかにはサン・タムールのギヨーム[5]がいたと思う――および多くの神秘主義の神学者たちはそれを神にふさわしいように、また魂をたかめて神の善を認識することができるように、解釈した。

(1)「ヨハネによる福音書」一・九。

(2) たとえば、中世の思想家たちに信奉されたディオニシウス・アレオパギタは、彼の著とされた偽書で、「あらゆる完全性は光の父からおりてくる」と述べている。

(3) スコラ哲学で、アリストテレスにならって受動的知性と対立して用いられたことば。受動的知性が外界からくる印象、感覚をうけとめるはたらきとしての質料的原理であるのにたいし、能動的知性はその印象や感覚を学問的認識にまでたかめる形相的原理であり、永遠不変なものである、と考えられた。

(4) 一一二六～九八。スペインのアラブ系哲学者、医学者。アリストテレスの注釈家。人間の精神は普遍的・能動的な理性としてのみ不滅なのであり、個体的意味では滅びるものであると説いた。「悪い意味……」とは、それをさすものであろう。

(5) フランスの神学者。ソルボンヌ創立者の一人といわれる。一二七二年ごろ没。

29 とはいえ、われわれは直接われわれ自身の観念によって考えるのであって、神の観念によって考えるのではない

しかしながら、私は、われわれの観念そのものも神のうちにあって、すこしもわれわれのうち

にはない、と主張しているようにみえる、あるすぐれた哲学者たち[1]の意見にくみしない。これは、私の考えによれば、実体についていまわれわれが説明したことや、またわれわれの魂のあらゆる拡がりと独立、すなわちそれによってわれわれの魂が自分に起こるいっさいのことをふくみ、結果がその原因を表出するようにわれわれの魂は神を表出し、神とともにいっさいの可能的ならびに現実的存在を表出するということも、彼らがまだ十分には考察していなかったところからくるのである。それゆえ、私が他人の観念によって考えるなどとは思いもよらないことである。

また、魂があるものを考える場合、魂はじっさいに一定の仕方で影響をうけるにちがいない。そして、あらかじめ魂の中には、そのように影響をうけることができるという、すでにまったくきまった受動的能力があるだけでなく、能動的能力もあり、それによって魂の本性には常に、この思想が将来生みだされることのしるしや、時がくるとその思想を生みだそうとする素質があるにちがいないのである。そして、これらすべては、この思想の中にある観念をすでにふくんでいる。

(1) マルブランシュをさす。

30 神はわれわれの魂に傾向を与えるだけで、強制することがないから、われわれは不平を言う権利をもたないこと。ユダはなぜ罪を犯したのかと問うのではなく、たんに、罪人ユダはなぜ他の可能な人々をさしおいてその存在を認められたのか、と問わなければならないこと。原罪以前の根源的な不完全性、および恩寵の程度について

人間の意志にたいする神の作用については、そうとうむずかしい考察がいくらもあって、ここでそれを追究するとなると時間がかかるであろう。けれども、おおよそ次のように言うことはできる。神は、日常われわれの行為に協力するにあたり、すでに定めた法則に従うことしかしない。ことばをかえて言えば、神がたえずわれわれの存在を保存し、産みだすことによって、もろもろの思想はわれわれの個体的実体の概念がになっている順序に従って自発的に、すなわち自由に起こってくる。だからこそ、人は個体的実体の概念のうちに、それらの思想を永遠にわたって予見することができたのである。

それればかりでなく、神のくだした決定、すなわち「意志は常にある特殊な観点から神の意志を表出し、模倣しながら善とみえるものにむかうべきである。ところでこの特殊な観点に照らしてみれば、そのように善とみえるものには常に何かしら真実なところがある」という決定によって、神はわれわれの意志が最善と思われるものを選ぶようにさせる。とはいえ、われわれの意志を強

制することはないのである。なぜならば、一般的に言うと、われわれの意志は必然性と対比するかぎり、中立の状態にあって、別の行為をしたり、あるいはまたその行為をまったく中止したりする力をもっているからである。その場合、いずれの方針も可能であり、また可能でありつづける。

それゆえ、「反省を行ない、ある場合にはよくよく考えてからでなければ行動しないし、判断もくださない」というかたい意志をもって、不意のできごとにあらかじめ用心しておくのは心がけしだいである。しかし、そのような場合にこの力を行使しない魂があるということもほんとうであり、しかもそれは永遠にたしかなことですらある。だが、いったいそれはだれの責任であろうか。魂は自分自身にたいする以外に不平を言うことができるであろうか。というのも、こうした不平が事前において不当であったとすれば、事後においてもすべて不当だからである。

ところで、この魂は罪を犯すすこし前には、自分を罪に追いやるのが神であるかのように、神にたいして不平を言ってもよいというのであろうか。こうしたことがらにおける神の決定は予見することができないものだから、魂は、もうじっさいに罪を犯している場合以外に、自分が罪を犯すように決定されていることをいったいどこから知るのであろうか。ただ問題になるのは、(この魂が罪を)欲していないということだけである。神といえども、それ以上に容易で正しい条件をもちだすことはできまい。だから、すべての裁判官は、ある人が悪い意志をもつにいたった理由をさがしもとめないで、ただその意志がどれほど悪いものであるかを考察するだけにとどめている。

しかし、私がいずれ罪を犯すようになるというのは、おそらく永遠にたしかなことなのであろうか。あなたは自分自身で答えてみなさい。おそらく、否《いな》と言うでしょう。それならば、あなたが知ることのできないものとか、あなたにいかなる光も与えることのできないものなどについてあれこれ思いめぐらしたりせずに、あなたの知っている義務に従って行動しなさい。

しかしまた、その人が将来たしかにその罪を犯すようになるということはいったいどこからくるのか、と言う人があるかもしれない。答はかんたんである。もしそうならなければ、その人ではなくなるからである。それというのも、神は常に、将来ユダなる人物が現われてくることや、その人物について神がもっている概念または観念には、未来におけるあの自由な行動がふくまれていることをみているからである。

したがって、残っているのは、「なぜユダのような裏切者が、神の観念のうちでは可能的であるにすぎないのに、現実に存在するのか」という問いだけである。だが、この問いにたいしては、この世で期待すべき答はない。ただ一般的に次のように言うべきである。神はすでにその罪を予見していたにもかかわらず、ユダが存在することを善しと認めたのだから、この悪は宇宙において十二分に償われているにちがいないし、神はその悪からより大きな善をひきだしてきて、結局この罪人の存在がふくまれている事物《もの》の系列は、他のあらゆる可能なやり方のうちでもっとも完全なものとなっているにちがいないのである。しかし、この選択のおどろくべき摂理を例外なしに説明するというのは、われわれがこの世の旅人であるかぎりできないことである。だが、それを理解しなくても知っておくだけで十分なのだ。そこでいまは、際限のない考察をふくむような細部を探究せずに、神の知恵の『富の深さ』[1]や深みや深淵を認めるべきである。

とはいうものの、神が悪の原因でないことはよくわかっている。なぜならば、人間の清純さが失われたあとで原罪が魂をとらえたというだけでなく、それ以前にも、本性上あらゆる被造物に共通した根源的制限または不完全性があって、そのために被造物は罪を犯したりまちがったりするようになっているからである。だから、超堕罪論者[2]についても他の人々についても困難はない。私の考えによれば、聖アウグスティヌスや他の著作家たちの意見もそこに帰着するはずである。ところで、彼らの意見では、悪の根源は無のうちに、言いかえれば、被造物の欠陥または制限のうちにあり、神は寛大にもみずから喜んで与えたいと思う程度の完全性をもって、それを直すのである。このような神の恩寵は、通常のものであれ異常なものであれ、さまざまな程度と度合があって、一定のつりあいのとれた結果を産みだす効力をそれ自身のうちに常にもっている。そのうえ、この恩寵は常にわれわれを罪から守るだけでなく、人間がその持ち分に従ってそれに力をあわせると仮定すれば、救いを産みだすことさえ十分できるのである。しかし、恩寵は、人間のさまざまな傾向性をおさえるのに十分であるとはかぎらない。もしそうでないとすると、人間はもはや何ものにも執着しないことになるからである。そういうわけで、このことはそれ自身によってであれ、あるいは適切な状況によってであれ、常に勝利をしめるような絶対的に効力のある恩寵だけにとっておかれるのである。

(1)「ローマ人への手紙」一一・三三、三四。

(2) カルヴァン派の一派。人間にたいする神の賞罰の決定は、人間の堕罪以前にすでにきまっていると説く。

31　選択・予見された信仰・中間の知識①・絶対的決定などの動機について。それらすべては、なぜ神が恩寵と自由な行動の一定の系列をその概念の中にふくんでいるような、しかじかの可能的人物を選んで、その存在を認めたのかという理由に帰着すること。これによって、さまざまな困難がいっきょに解消する

要するに、神の恩寵はまったく純粋なものであって、かりそめにも被造物はそれを要求するようなことがあってはならない。けれども、神がこの恩寵を配分するさいに行なう選択の理由を説

明するには、人間の未来における行動の絶対的または条件的な予見にたよるだけでは十分でない。かといってまた、いかなる合理的な動機ももたないような絶対的決定を想像すべきでもない。予見された信仰もしくは善行について言えば、神が選んだのはその信仰や慈悲の心を予見していた人々、すなわち『神が後に信仰を与えることを神が予見していた人々』だけだということは、まったくほんとうである。しかし、それではなぜ神が信仰や善行の恩寵をある人々に与えて、他の人々には与えないのかという同じ問題がふたたび起こってくる。

神のもつこの知識は信仰や善行を予見することではなくて、その素材と素質、すなわち人間が自分のほうから恩寵に寄与するものを予見することである〔なぜならば、恩寵のほうに多様性があるところでは、人間のほうにも多様性があるというのはほんとうだし、また、じっさいに人間は善にむかうように促され改宗される必要があるにしても、後になると自分のほうから善にむかって行動するにちがいないからである〕。ところで、このような神の知識については、多くの人々は次のように言えると思っているようである。神は、恩寵すなわち異常な助力がないときに人間がいったい何をするか、すくなくとも、恩寵を考慮しないとすれば人間のほうにいったい何が残るかということをみて、生まれつき素質がもっともよい人々か、すくなくとも不完全なところや悪いところがもっとも少ない人々に恩寵を与えようと決心するのかもしれない、と。しかし、たとえそうだとしても、この生まれつきの素質は、それがよいものであるからには、神がその人々に他の人々よりも有利な条件を与えたことになって、通常のものであるにしてもやはり恩寵の結果であると言えるわけである。そして、神は、自分の与える生まれつきの好条件が恩寵すなわち異常な助力の動機として役だつことをよく知っているのだから、この説に従えば、結局、すべてはまったく神の慈悲に帰着することになるというがほんとうなのではあるまいか。

それゆえ、私は〔神が恩寵を配分するさいに、生まれつきの素質をどれだけ、またどのように考慮に入れるのかをわれわれは知らないのだから〕、われわれの原理に従って、またすでに指摘したとおり、次のように言うのがもっとも厳密かつ確実であると思う。すなわち、さまざまな可能的存在のうちにピエールとかジャンとかいう人物がいて、その概念または観念には通常および異常な恩寵の全系列や、それ以外のあらゆるできごとと、そのできごとにともなうさまざまな状況がふくまれているし、神はそれらの人物を他のひとしく可能な無限に多くの人物のうちから選びだして、現実に存在させることが気に入ったにちがいないのである。このように述べてしまうと、もはや問うべきことは何もなくなって、あらゆる困難は消失するように思われる。

というのも、なぜ神は他の多くの可能的人物のうちからその人物を選びだすことが気に入ったのかという唯一の大問題については、われわれが与えた一般的理由に満足しないのはきわめて不合理であるはずだし、その細部にいたってはわれわれの力をこえているからである。それゆえ、さら理由がないために不合理な絶対的決定とか、いつまでたっても困難を解決するにいたらず、さらにほかの理由を必要とするような理由などにたよったりしないで、聖パウロに従って、[2]次のように言っておくのがもっともよいであろう。すなわち、そのこと（神の選択）には知恵や適合のある大きな理由があって、その理由は人間には知られていないが、宇宙の最高の完成を目的とする一般的秩序にもとづいており、神もそれを守っているのである、と。そして、神の栄光や、神の正義ならびに慈悲の発現や、一般的には神のさまざまな完全性の発現などの動機はすべてここに帰着し、最後に同じ聖パウロの心を奪った、あのさまざまな富の無限の深みも、やはりここに帰着するのである。[3]

（1）スペインのイエズス会の神学者、ルイス・モリナ（一五三五～一六〇〇）の用語。神が現実と可能との中間に予見する知識。
（2）「ローマ人への手紙」一一・三三。
（3）「ローマ人への手紙」一一・三三。

32　篤信と宗教にたいするこれらの原理の有効性

そのうえ、われわれがいま説明した思想、とくに神のはたらきは完全であるとか、実体の概念はその実体のあらゆるできごとと、そのできごとにともなうあらゆる状況とをふくんでいるとかいう偉大な原理は、宗教を強固にし、非常に大きな困難を一掃し、魂を神の愛によって燃えたたせ、これまで人が見てきたさまざまな仮説よりもなおいっそう精神をたかめて、物質的でない実体を認識させるのに役にたちこそすれ、障害になるようなことはすこしもないと思われる。というのも、神以外のあらゆる実体は、思想がわれわれの実体から流出するように神に依存していること、神はすべてのものにおけるすべてであること、[1]神はあらゆる被造物と——ただしその被造物の完全性の程度に応じて——緊密に結びついていること、神だけが被造物をその影響力によって外から決定すること等々は、非常にはっきりとわかっているからである。そこで、もし作用することが直接に決定するということであれば、その意味を形而上学のことばを用いて、次のように言い表わすことができる。すなわち、神だけが私にはたらきかけ、神だけが私に善または悪をなすことができる、神以外の実体は、神がすべての実体を考慮に入れておのれの善を配分し、実体相互の調和をはかっておくために、たんにこれらの決定の理由として寄与するにすぎない。それゆえ、神だけが実体間の関係や交渉を行なうのであって、ある実体の現象が他の実体の現象と一致したり、調和したりするのは神によってであり、したがってわれわれの表象に実在性があるのも神によってである。ところが、じっさいには、人は作用というものを私が前に説明した意味での特殊な理由に帰しているが、それは、特殊な場合にまで常に普遍的原因をもちだす必要がないからである。

また、実体はすべて完全な自発性〔叡知的実体においてはそれが自由となる〕をもっていること、実体に起こることがらはすべてその観念またはその存在からでてくるものであること、神以外には何一つ実体を決定するものはないことなどがわかる。それで、非常に気高い精神をもち、その聖徳のゆえに人々からたいへん尊敬されているある人物②が口ぐせのように、「魂はしばしば神と自分だけが世界に存在するかのように考えなければならない」と言っていたのもそのためである。

ところで、この魂の独立と拡がり以上に力強く魂の不滅を理解させるものはない。魂はこの独立と拡がりによってあらゆる外界の事物《もの》にたいし絶対的に安全な位置におかれているが、それというのも魂は自分だけでその世界全体をつくり、神とともにあればそれで十分だからである。また、魂が絶滅によらずに滅びることも、世界〔魂はそれの生きた永遠の表出である〕が自滅することも不可能であるし、われわれの身体と呼ばれるこの拡がりをもった塊の変化が魂に何か影響を与えることも、この身体の消滅が不可分のもの（魂）を破壊することもありえない。

(1)「コリント人への第一の手紙」一二・六。「はたらきは種々あるが、すべてのものの中にはたらいてすべてのことをなさる神は、同じである」。
(2) 聖テレサ（一五一五〜八二）のこと。彼女はスペインの神秘思想家、聖女。生地カスティリアのカルメル会修道院にはいり、神秘的体験をえて回心し、カルメル会の刷新に努力した。『完徳の道』、

『自伝』などが有名。ライプニッツは、モレルへの手紙で彼女の思想を称讃し、この思想を自分の考えにとりいれたことを述べている。

33 これまで説明不可能とか奇跡的とか考えられていた心身の結合の説明、ならびに雑然とした表象の起原の説明

また、心身の結合というあの大いなる神秘、すなわち、どうして一方の受動作用と能動作用が他方の能動作用と受動作用あるいはそれに適合した現象をともなうのか、ということについての思いもよらない説明がわかる。それというのも、一方が他方に影響をおよぼすとはどうしても考えられないし、通常の特殊なことがらを説明するのに、ただちに普遍的原因の異常なはたらきに訴えるのも合理的ではないからである。

じつは、ほんとうの理由は以下のようである。われわれがすでに述べたように、魂やおのおのの実体に起こることはすべてその概念からでてくるものであり、したがって魂の観念そのもの、すなわち本質からすると、魂のあらゆる現象または表象はそれ自身の本性から〔『自発的に』〕生じてくるにちがいない。まさしくその結果、それらの現象や表象は宇宙全体に起こることにおのずから対応するが、魂に配属される身体のなかに起こることには、もっと特別に、もっと完全に

対応する。なぜならば、魂はある仕方によって、一定の期間、他の物体と自分の身体との関係に従いながら宇宙の状態を表出するからである。

このことはまた、われわれの身体がわれわれに属しながら、しかもわれわれの本質と結びついていないのはどうしてかということを認識させてくれる。そこで、深く考えることのできる人々は、他のいかなる方法をもってしても説明不可能と思われる心身の結合がどこに成りたつのか、容易にみることができるようになるところから、われわれの原理にたいし有利な判断をくだすであろうと私は思っている。

また、われわれの感覚の表象は、たとえそれが明晰な場合であっても、必ず何か雑然とした知覚《サンチマン》をふくんでいるはずである、ということがわかる。なぜならば、宇宙のあらゆる物体は共感しあっているので、われわれの身体は他のあらゆる物体の印象をうけとるわけだし、またわれわれの感覚はすべてのものにかかわりをもってはいても、魂がそれを一つ一つ注意することはできないからである。われわれの雑然とした知覚が、まったく際限のないほど多様な表象の結果であるのもそのためである。それはいわば、海辺に近づく人の耳にする雑然としたざわめきの音が、無数の波の反響の集合から生じてくるのと似ている。

ところで、もし多くの表象〔それは、調和して一つの表象を形成するにいたっていない〕のうちに、他の表象よりきわだつものが何一つないとすれば、また、もしそれらの表象がほとんど同じ程度の強さの印象、あるいはほとんど同じ程度に魂の注意をひきおこすことのできる印象を形成するのであれば、魂はそれを雑然としか意識することができない。

34　精神とそのほかの実体、すなわち魂あるいは実体形相との相違について。われわれのもとめている不滅は記憶と重要なかかわりがあること

人間のように『それだけでまとまりのあるもの』となっている物体が実体で、そうした物体は実体形相をもち、そして動物は魂をもつと仮定すれば、この魂や実体形相は、ほかの哲学者たちの説にある原子すなわち物質の究極部分と同じように、完全に滅びることはできないということを認めないわけにはゆかない。いかなる実体も、それがまったく別のものになることはあっても、滅びることはないからである。

魂や実体形相はまた、精神よりも不完全にではあるがやはり宇宙全体を表出する。しかし、主たる相違は、魂や実体形相は自分が何であるかということも、自分が何をしているかということも認識せず、したがって反省することができないから、必然的・普遍的真理を発見できない、という点にある。また、魂や実体形相は自分自身にたいする反省を欠いているために、道徳的性質

をすこしももっていない。その結果、いわば毛虫が蝶に変身するさいに見られるように、魂や実体形相が何度も変態をかさねる場合、道徳や実生活の観点からすると、それは魂や実体形相がそのつど滅びるというのと同じことであり、また物理学的にみると、われわれの言っているように、物体は腐敗によって滅びるということもできるわけである。

ところが、叡知的な魂は自分が何であるかを知っており、またあの意味深長な「私」ということばを口にすることもできるから、常に同じ状態を保って、形而上学的にほかの魂よりもはるかに長く存続するばかりでなく、道徳的にも同一の状態を保ちつづけて、同一の人格を形成している。要するに、叡知的な魂が賞罰を受けいれることができるのは、この「私」についての記憶あるいは認識のためなのである。

それゆえ、道徳や宗教においてわれわれがもとめている不滅は、すべての実体にふさわしいあの永久的存続という点だけにあるのではない。自分がこれまでなんであったかということの記憶がなければ、不滅はすこしも望ましいものとはならないからである。そこで、仮にいま、だれかある人が突然中国の王になると仮定しよう。ただしその人は、いままったくあらたに生まれてきたかのように、自分がこれまで何であったかということを忘れさっているものとする。このことは、実際上からいっても、あるいはわれわれの気がつくことのできる結果からいっても、その人が消滅して、そのかわりにその瞬間に中国の王が創造されたと同じことではないであろうか。そんなことを、その人が望む理由はまったくない。

35　精神の優越、神は精神を他の被造物よりも重視していること。精神は世界よりもむしろ神を表出するが、そのほかの実体は神よりもむしろ世界を表出していること

しかし、自然的理性によって、「神は常にわれわれの実体を保存するだけでなく、われわれの人格すなわちわれわれが何であるかということの記憶と認識〔それについての判明な認識は睡眠や失神のさいにときどき中断されることがあるけれども〕をも保存するであろう」と判断させるためには、道徳と形而上学とを結びつけなければならない。言いかえれば、神をすべての実体とすべての存在の原理および原因と考えるだけでなく、すべての人格すなわち叡知的実体の首長として、またすべての精神の総体によって構成される宇宙の国のような、もっとも完全な国家の絶対的君主として、神自身すべての存在のうちでもっとも偉大なものであると同時に、すべての精神のうちでもっとも完成したものであると考えなければならない。たしかに、精神はもっとも完全なものであり、また神性をもっともよく表出するものだからである。

そして、これまでに十分説明したように、実体の本性・目的・力および機能は、すべて神と宇

宙を表出することにほかならないから、自分が何をしているかを知りながら神と宇宙を表出する実体や、また神と宇宙に関する偉大な真理を認識することのできる実体が、本性上動物的で真理を認識することのできないものや、本性上知覚《サンチマン》や認識をまったく欠いているものよりも、比較にならないほどよく神と宇宙を表出するということは疑う余地がない。叡知的実体とそうでない実体との相違は、鏡と「目で見る人」との相違ほど大きい[1]。

そして、神自身は精神のうちでももっとも偉大でもっとも賢明であるから、次のように判断することは容易である。いわば神の話し相手とか、さらには交際相手にまでなって、神の気持や意志を特別に伝えてもらうことのできる存在者、したがって、その存在者のほうでも自分たちに恩恵を施す者（神）を知って、愛することができるようになっている存在者は、精神の道具としか考えることができない他のものよりもかぎりなく神に接近しているはずである、と。それはちょうど、われわれの知っているように、すべての賢明な人々が、人間を他のいかなるものよりも――それがどれほど貴重であっても――かぎりなく尊重するのと同じことである。

そして、ほかの点ではすでに満ちたりている魂がもちうる最大の満足というのは、自分が他のものから愛されるのをみることであると思われる。たしかに、神に関しては、被造物の認識はただ神の最高にして完全な幸福の結果にすぎず、神の満足に寄与したり、部分的にせよその原因になったりすることは思いもよらないから、神の栄光とわれわれの祭式が神の満足に何かをつけ加えるようなことはまったくありえない、という相違がある。だがそうはいっても、有限な精神のうちにある善いもの、合理的なものは、神のうちに優越的に[2]存在する。そして、われわれは、このうえなく貴重でめずらしい動物の命よりも、人間の命のほうを守りたいと考える王を称讃するはずだから、あらゆる君主のうちでもいちばん聡明で、いちばん正しい君主（神）が同じ気持をいだいていることを疑うべきではない。

（1）目で見る人には、何を見ているかという自覚があるけれども、鏡にはそんな自覚はない。そういう大きな相違が説かれていると思われる。

（2）もともとスコラ哲学の用語。デカルトもこの語を用いている。

36　神はすべての精神から構成されるもっとも完全な国家の君主であり、この神の国の幸福が神の主たる意図である

じっさい、精神はこのうえなく完全になることができる実体であって、その完全性というものは、とくに次の点、すなわち精神はたがいにさまたげあうことがもっとも少ない、あるいはむしろたがいに助けあうものである、という点にある。なぜならば、もっとも高潔な精神のみがもっとも完全な友となりうるからである。そこから、明らかに次のようなことがでてくる。すなわち、

一般的にいって常に最高の完全性を目ざしている神は、精神にたいしてもっとも多くの配慮を示し、しかも一般的にだけでなく個々の場合においても、おのおのの精神にたいしてそれぞれ普遍的調和がゆるすかぎり多くの完全性を与えることになるのである。

また、神はそれ自身一つの精神であるかぎり、もろもろの現実存在の起原であると言うこともできる。もしそうでなくて、神に最善のものを選ぶ意志が欠けているとすれば、ある可能事が他の可能事をさしおいて存在するようないかなる理由もないことになるであろう。それゆえ、神がそれ自身精神であるという神の性質は、神が被造物にたいしてはらうことのできる他のすべての考慮に先だっている。精神だけが神の姿に似せてつくられ、ほとんど神の一族のようなもの、あるいは神の家の子どもたちのようなものである。なぜならば、精神だけが自由に神に仕えることができ、意識的に神の本性を模倣しながら行動することができるからである。精神は世界全体を表出するだけでなく、それを認識し、神のやり方に従って世界のうちでみずからを治めているから、たった一つの精神といえども世界全体に相当する。

そういうわけだから、実体はすべて全宇宙を表出するといっても、精神以外の実体が神よりもむしろ世界を表出するのにたいし、精神は世界よりもむしろ神を表出しているように思われる。そして、精神はこうした非常に高貴な本性のゆえに、たんなる被造物としては可能なかぎり神性に近づくことができるのであるが、そのためにまた神は、他のいかなる存在からひきだすよりも無限に多くの栄光を精神からひきだすことができるのである。あるいはむしろ、他の存在は神の栄光を讃えるための材料を精神に提供しているにすぎない。

そういうわけで、神を精神の主人あるいは君主たらしめている神のこの道徳的性質は、いわば人格的に、まったく独自な仕方で神と関係している。この点において、神は人間性を帯び、みずからすすんで擬人化をうけいれて、君主がその臣下にたいするのと同じようにわれわれと交際するようになる。そして、この考慮は神にとって非常にたいせつなものであるから、神の国の幸福で栄えているありさま、すなわちその住民が最大限に幸福であるということが、神の法則のうちでも最高のものとなっているほどである。というのも、幸福と人格との対応関係は、完全性と存在物との対応関係と同じだからである。そこで、もしも物理的世界の現実存在の第一原理が、その世界にできるかぎり多くの完全性を与えるという決定にあるとすれば、道徳的世界、すなわち宇宙のもっとも高貴な部分である神の国の第一の意図は、そこにできるかぎり多くの幸福をひろめることでなければならない。

したがって、神は、精神が常に生きつづけることができる——これはまちがいのないことである——だけでなく、ちょうど世界がいかなる実体も失わないのと同様に、神の国がいかなる人格も失わないために、常にその道徳的性質を保持してゆくようにいっさいを命じたのだ、ということをすこしも疑ってはならない。したがってまた、精神は常に自分が何であるかを知っていることとになる。さもなければ、精神は賞罰をうけいれることができないであろう。ところが、賞罰をうけいれることができるというのが国家というものの本質である。とくに、何事もなおざりにされることのない、もっとも完全な国家の本質である。

最後に、神は君主のうちでももっとも正しく、もっとも温厚な君主であって、それが真摯《しんし》で誠実なものであればただ善良な意志だけしか要求しないから、その臣下はこれ以上に良い条件を望むことはできない。臣下を完全に幸福にするために、神はただ人が神を愛するように望むだけである。

37　イエス・キリストは人々に、天国の神秘とすばらしい律法と神を愛する人々に神が用意する無上の幸福の大いなることを明らかにした

古代の哲学者たちはこれらの重要な真理をほとんど知らなかった。イエス・キリストだけがそれを神にふさわしくみごとに表現したのであり、しかもその表現方法は非常に明晰で親しみやすいものであったから、どんなに粗雑な精神の持ち主でさえもこの真理を理解できたほどである。それだから、キリストの福音は人間界のものごとの様相をまったく変えてしまった。キリストは

われわれに、天国、すなわち神の国①という名にふさわしいあの精神の完全な国家を教えてくれた。そして、その国のすばらしい律法をわれわれに明らかにしたのであった。神はどれほどわれわれを愛しているか、また神はどれほど正確にわれわれにかかわりあるいっさいのものを用意したかということ、神は雀《すずめ》に注意をはらっていても、神にとってそれよりかぎりなくたいせつな理性的被造物をなおざりにするようなことはないということ、②われわれの頭髪は全部数えあげてあるということ、③天地が滅びようとも神のことばとわれわれの救いの摂理に属するものは変わらないということ、④神はどんなにささいな叡知的魂にも、世界の全機構にたいする以上の関心をもっているということ、神だけが魂を幸福にしたり不幸にしたりすることができるのだから、身体を破壊することはできても魂を害することができない人々を、われわれはすこしも恐れてはならないということ、⑤神以外のいかなるものも魂に作用することはできないから、正しい人々の魂は神の手にあって宇宙のあらゆる変動から守られているということ、われわれの行ないは一つも忘れられていないということ、たわいもないことばや、よく使った一匙《ひとさじ》の水にいたるまで、すべて考慮にはいっているということ、⑥最後に、すべては善き人々のもっとも大きな善のために起こるはずだということ、⑦正しい人々は太陽のようなものになるということ、⑧われわれの感覚も精神も、神を愛する人々に神が用意する幸福に近いものを、これまで何一つ味わったことがないということ、⑨等々を明らかにしたのはイエス・キリストだけである。

(1) アウグスティヌス『神の国』を思わせることば。「モナドロジー」八五節にも出ている。
(2) 「マタイによる福音書」一〇・二九〜三一。
(3) 「マタイによる福音書」一〇・三〇。
(4) 「マルコによる福音書」一三・三一。「ルカによる福音書」二一・三三。
(5) 「マタイによる福音書」一〇・二八。
(6) 「マタイによる福音書」一二・三六。
(7) 「ローマ人への手紙」八・二八。
(8) 「マタイによる福音書」一三・四三。
(9) 「コリント人への第一の手紙」二・九。

小品集

清水富雄訳

対話①
——事物とことばとの結合

A　与えられた一本の糸の始めと終わりがつながるようにし、そこにふくまれる空間をできるだけ多くせよと言われたら、糸をどんなふうに曲げますか。

B　円形にします。なぜなら、幾何学者が示しているように、等しい周囲をもつ図形のうちで最大の面積をもつのは円だからです。そこで、一つは円形もう一つは正方形の島があって、まわりをまわる時間が等しいとすれば、円形の島のほうが面積が広いことになります。

A　このことは君によって考えられなくても正しいことに変わりはない、とお考えですか。

B　そうです。幾何学者が証明したり、人が注目しなくても、それは正しい。

A　そうすると君の考えでは、真理と誤謬《ごびゅう》とは事物のうちにあるので、思考のうちにはないんだね。

B　もちろん。

A　ところで、事物が何か誤りをおかしているということがあるのですか。

B　いいえ、事物が誤っているなんてことはありません。事物についての思考あるいは命題が、そのようになっているにすぎないと思います。

A　そうすると、誤謬というのはがんらい思考の誤謬のことであって、事物の誤謬ということではありませんね。

B　それは、認めなくてはいけないことです。

A　すると、やはり真理もそうだということになるのでは？

B　そうみえるでしょう。しかし、そのように決着をつけることが異論の余地のないものかどうか、若干疑問ですね。

A　何か問題を出されてまだ決着がたしかでない場合、それが真であるかそれとも偽であるかについて、疑っているのではありませんか。

B　そうなんです。

A　すると君は、こういうことを認めますか。問題の特殊な性質から真偽の決定が明らかになるまでは、同一のものが真理となったり、誤謬となったりしうると。

B　認めますね。それから私は、いまではこの点も認めます。もし誤謬が思考のものであるなら、真理も思考のものであって、事物のものではないのだと。

A　それはしかし、さきに君が言ったことと矛盾しますね。だれにも思考されないものでも、真理性を保ちうると言ったんだから。

B　君のおかげで頭の調子がおかしくなってしまった。

A　しかしわれわれは（さきに言った）二つのことの調和をもとめる必要がある。仮にいま理解されうる思考があるとする場合に、君はそういう思考がじっさいに全部成立すると思いますか。それともまた、もっと明瞭にいうなら、命題というものがすべて（現実的にも）考えられると思いますか。

B　いいえ、そうは思いません。

A　そうすると、こうなるようですね。それは、なるほど真理は命題や思考の領域に属するけれども、可能なものの領域に属しているのだということ、したがって真理は、だれかがこういう仕方あるいは反対の仕方で考えるさいに、その思考は真であるかまたは偽であるというぐあいに、とにかく確実なんだと。

B　ほんとうに君はわれわれをむずかしいところから脱け出させてくれたようです。

A　ところで、一つの思考を真と呼ぶか、それとも偽と呼ぶかということの根拠がかならずあるにちがいないから、そういう根拠をどこに見いだすべきかというのが、私の問題になります。

B　私は、それが事物の本性のうちにあると思う。

A それが君自身の本性から出てくるとすれば、どういうことになりますか。

B 私自身の本性だけからではないことはたしかですよ。なぜなら、私自身の本性のほかに、私の思考の対象となっている事物の本性があって、それについて正しい方法(で思考)をすすめてゆけば、私が結局到達する命題は整合的であり、正しいことになるにちがいないのですから。

A すばらしいお答だ。しかし、まだ難問がいくつも残っている。

B どんな難問でしょうか。

A 学者の中にはこう考えている者もあります。真理の源泉は人間の気ままにあり、真理は名称あるいは記号から生ずるものだと。

B まったくおかしな考えですね。

A しかし彼らは、この考えをこう証明しているんです。定義というものは、やはりどんな証明にも基礎となるものでしょう?

B もちろん。しかし定義の結びつきだけからだと、いくつもの命題が証明されます。

A すると、そういう命題の真理性は定義に依存するんですね。

B そうです。

A しかし、定義はわれわれの気ままに依存しますか。

B どうして?

A　そうじゃないですか。楕円ということばを一定の図形の表示に使うことは、数学者の任意にまかされているんでしょう？　さらにまた円 circulus ということばにたいして、その定義が表わす意味を与えることは、ラテン学者の任意だったんでしょう？

B　すると、そのさきはどうなるんです？

思考はことばなしにも成立しうるのです。

A　しかしそれも、何かほかの符号なしには成立しないのです。数の符号を使わないで、なんらかの算術の計算をやりうるかどうか、まあやってごらんなさい。①

B　君はどうも、私の頭をすっかり混乱させる。だって、私は記号とか符号というものが、推論にとってそれほど不可欠であるとは思わなかったものだから。

A　だから算術の真理はなんらかの記号や符号を前提しているんでしょう？

B　それは認められることです。

A　そこで算術の真理は人間の気ままに依存していることになりますよ。

B　手品のようなものでごまかされているようですね。

A　こういう考えの出所は私ではなくて、ある非常に鋭敏な著作家②なんです。

B　ギリシア人もラテン人もドイツ人も、ただ一つの幾何学しかもっていないのに、真理は気ままなものだとか、名前だけのものだと見るような、常識はずれなことを考える人がありえますかね。

A　なるほど。しかしわれわれは、困難にたいして満足な答を出さなくてはいけませんよ。

B　一つだけ気がかりになることがあります。心の中で、ことばとかほかの符号を助けにしなければ、真理の認識、発見、証明などはけっしてなされないことが、私にはわかっています。

A　もちろんですよ。記号がなければ、何かを明瞭に考えたり推論することなんて、けっしてないでしょう。

B　ところで、われわれが幾何学の図形を見る場合には、やはりそれの厳密な考察によって、真理を明らかにすることがときおりある。

A　まったくです。ただしその図形が記号と見なされるはずだという点を、知っていなくてはいけません。図上に描かれた円が現実の円ではないし、またそうである必要もなく、われわれによって円と考えられていれば、それで十分なのです。

B　しかしその円は（現実の）円と一定の相似性をもつのであり、この相似性はたしかに任意なものではありません。

A　もちろん。だからこそ図形はもっとも有用な記号なんです。ところで10という数と10という記号とのあいだに、どんな相似性があるとお考えですか。

B　記号が適切にえらばれている場合には、記号と記号とのあいだには一定の関係や秩序があり、それが事物における秩序に対応しています。

A　それはそうでしょう。しかしそうすると、最初のもの（記号）自身は事物とのあいだにどんな相似性をもつことになるのですか。たとえば、0と無、文字aと線との関係ですね。すくなくともこれらのものが（事物とのあいだに）なんらの相似性ももつ必要がないことは、君も認めるでしょう。このことは、たとえば「光 lux」「もたらす fero」という語について成立します。これらの合成語、「光をもたらす lucifer」という語は、さきの二語にたいして一定の関係をもち、しかもこの関係に対して、lucifer で表わされる事物と lux, fero で表わされる事物との関係が対応しているのです。

図1　ライプニッツ作の、天地創造をかたどるロケットのモデルにある二進法

B　しかしギリシア語では「光をもたらすもの φωσφόρος」という語は、「光 φῶς」と「もたらす φέρω」という二語にたいして同じ関係をもっていますよ。

A　けれどもここでギリシア人は、このことばではなくて、なにかほかのことばを用いることもできたでしょうに。

B　まったくそうです。ただ私は思うのですが、記号が推論に用いられうる場合には、どんな事物であろうと、その事物に適合するなんらかの位置の構成や秩序が存在しなければなりません。それからこのことは、たとえ個々のことばにおいて〔それが望ましいことであるが〕ではないにしても、それらの結合や連結においては不可欠なものなのです。さまざまな仕方においてではあっても、この秩序があらゆることばのうちに、なんらかの仕方で対応的に見いだされると思います。そしてこのことが、いろいろな困難の解決に希望を与えてくれる。なぜなら、記号自体は任意ですが、それの適用や結合にはもはや任意でないものがあるのですから。つまり、記号と事物とのあいだに存在する関係、したがってまた、同一の事物を表現しているさまざまな記号すべてのあいだに存在する一定の関係というものは、任意でない。この関連や関係が真理の基礎です。なぜなら、この関係から、たとえわれわれがこの記号を使ってもあの記号を使っても、われわれの見いだす結果というものはいつも同値あるいは等値であり、一定の仕方で対応しているからです。そこでおそらく、われわれはものを考えるためには、いつもなんらかの記号を必要とすることになる。

A すばらしい考えです。君は混乱からりっぱに脱け出しましたね。君の考えは解析の計算によっても算術の計算によっても確認されます。というのは、数においては十進法を使っても、またほかにあるように二十進法を使っても、同じ結果が出るのですから。[3] だからさまざまな計算からでてきたことを、あとで穀物に適用しても、ほかの計算可能な物質に適用しても、結果はいつも同じことになるでしょう。解析においても、さまざまな記号を使うことのほうが、事物を使うことよりも容易であるかのようにみえますが、事情はさきの計算の場合と同じことです。ここでもまた記号の結合や順序において、常に真理のかたい基礎が与えられています。

aの平方をa^2で表わし$a=b+c$としますと、$a^2=b^2+c^2+2bc$が得られます。次に$a=d-e$としますと、その結果として$a^2=d^2+e^2-2de$が出てきます。最初の式は諸部分b・cの全体aに対する関係を表わし、第二の式は全体dに対する部分aの関係、および差eに対する部分aの関係を表わす。ところでこれら二つのものが同じことに帰着することは代入によって明らかです。というのは、d^2+e^2-2de（$=a^2$）の式において、dのところへ$a+e$を代入してみますと、$d^2=a^2+e^2+2ae$となり、$-2de=-2ae-2e^2$となります。そこで足し算をしますと、

$$d^2=a^2+e^2+2ae$$

$$e^2=e^2$$

$$\underline{-2de=-2e^2-2ae}$$

$$\text{計}=a^2$$

記号をどのように任意にとっても、その適用において一定の秩序なり様式に従ってさえいれば、結果はすべていつもたがいに一致することは、おわかりでしょう。そこで真理は必然的になんらかの記号を前提するばかりか、ときには記号を対象にもつことすらある〔このことを「9でわりきれる数の証明④」の定理が示している〕けれども、真理は記号における任意性にもとづいている

のではなく、恒常性に、つまり記号自体が事物にたいしてもつ関係にもとづいています。なぜなら、仮にわれわれの任意ということがすこしも影響をもたないとしても、次のことは常に正しいのですから。つまりある記号を適用したときに、一定の推論方式が出てくるという場合に、その方式は、さきの記号にたいする関係が既知であるような、他の記号を用いることによって変わるけれども、それはしかしさきの記号にたいして不動の関係をもっているので、その関係の仕方が記号相互の関係から明らかになるというわけです。これは（記号の）代入や比較によって明白になることです。

〔1〕原文欄外に次の書きこみがある――「神が計算し思惟をはたらかせるとき、世界が成立する」。
(1) これは、ライプニッツが一六七七年八月に書いたものである。普遍的記号法の展開は彼の生涯の課題であったが、これはそういう記号法の基礎を反省した作品として、哲学的にも重要な意味をもつ。記号法に関しては、すでに『結合法』（一六六六年）で思想のアルファベットを見いだそうと試みて以来、いくつもの試論を書いている。後半に、記号自体は任意であるが、記号の適用や結合には任意でないものがあると述べているが、記号法にとって基本的に重要な意味をもつ着想である。
(2) トマス・ホッブズをさす。
(3) 同様にして、二進法の成立も可能となる。ライプニッツは後年、「0と1の記号だけを使う二進法算数の説明」（一七〇三年「学士院紀要」に発表）その他で、二進法の展開を試みている。
(4) 用いられている数字の和が9の倍数ならば、その数は9でわりきれる（たとえば二三四、四〇〇五など）ということの証明。

位置解析について①
――ホイヘンスへの手紙

私は新しい記号法の原理を若干発見しました。これは、代数学とはまったく異なったものであり、想像力に依存するあらゆるものを、精神にたいして厳密に、ありのままに、図形なしでも表現することに、大きな効果をもつものです。代数学というものは「不定の数」あるいは量の記号法にほかなりません。しかし代数学は位置、角、運動などを直接には表現しません。だから図形にふくまれているものを計算に還元することは、むずかしい場合がよくあります。また代数計算がすでになされている場合であっても、計算のしやすい幾何学の証明や作図を見いだすことは、いっそう困難です。ところがこの新しい記号法は目に見える図形にぴったり適合するものですから、まったく自然な仕方で、一つの解析によって、つまり一義的な方法に従って、幾何学的な（問題の）解決、作図や証明を同時にまちがいなく行ないます。代数学がどうしても幾何学の諸原理を前提しなければならないのにたいし、この記号法は解析をとことんまで進めるのです。

記号法が私の構想のようにできあがったとしますと、アルファベットの文字にすぎない記号を使って、どんなに複雑な機械でも描写できることになります。そうなると、図形やモデルを使ったり想像力を労することなく、その機械を判明に、また容易に、あらゆる成分にわたって、しかもその機械のはたらき方や動き方の面でも理解することができるようになります。そうなれば、記号を解釈するだけで、図形が心中に表われずにはいないことになります。

この方法によると、自然界の対象、たとえば植物や動物の機構などを厳密に記述することもできます。図形を描くことに親しみを感じない人も、対象を眼前に見たり記憶したりさえすれば、(図形を)完全に解明することができるし、自己の思想や経験を後世に伝えることができるようになります。しかしこれは、今日では実行しえない状態にある。なぜなら、われわれの言語の一つ一つは、形がなくてもよくわかるほど厳密に定義されてはおらず、またそれほどまでに適切なものではないからです。ところで、右に述べたことは、記号法の効用のうちごくわずかなものであります。というのは、記述だけが問題である場合には――そうするための費用を使うことができ、また使う気になっている場合には――図形、モデルや元の対象までも手にするほうが、ずっとよいからです。

しかし、記号法のきわめて重要な効用はむしろ、記号の操作によって行なわれうる推理や推論にあります。推理や推論というものは、図形によって［ましてモデルによって］表現することになれば、それはかならず図形の数をやたらにふやしたり、おびただしい点や線で個々の図形を複雑にすることになるのです。おまけに、われわれは、無数の無益な試みをしなければならないでしょう。ところが、この新しい方法はわれわれを、確実にしかもらくに目的地へ導いてくれます。

私の思うには、この方法によって力学をほとんど幾何学のようにとりあつかうことができるし、物質の性質の探索にすら達することができます。なぜなら、物質の性質はたいていの場合、ある種の形に、また感覚できる諸部分に依存しているからです。結局、想像力の負担を軽くするこのような方法が見つからないうちは、物理学が進歩してゆくという望みをもつことはできません。たとえば虹《にじ》はもっともかんたんな自然現象の一つであるのに、これだけを説明するためにもなんと多くの幾何学的推論の列が必要なことでしょう。この点がわかりますと、その構成があまりに微妙なために、十万倍以上の倍率をもつ顕微鏡ですらも十分には役だたないような、雑多な要素のある物体の内部にはいりこむためには、どれほど多くの推理推論が必要であるかは、推察できます。けれども、この真に幾何学的な解析が確立されるなら、この目標にすくなくとも一部分でも到達する望みが、すこしはあるのです。

ところで、ほかにだれかが私と同じような考えをもったことがあるとは思われませんから、私が時間をかけてしあげないと、この考えは失われてしまうおそれがあります。だから私は、ここで一つの試論をつけくわえておきたいと思います。その試論というのは、私にとっては注目に値するものと思われ、すくなくとも私の企てをいっそう信頼すべきもの、かついっそうわかりやすいものとするのに役だち、その結果、もしなんらかの偶然のために私がこれをさしあたって完成することをさまたげられる場合、これは後世に一つの遺品として役だち、他の人が目標に達するための機会を提供することになるでしょう。

さて幾何学においては、位置の考察以上に重要なものはないということは、たしかです。もっともかんたんな位置の一つをこの種の記号で表わしてみましょう。ふつうの場合、アルファベットの文字は、図形の点を表わすものとされています。またA、Bのような最初の文字は「与えられた点」を表わし、X、Yのような最後の文字は「もとめられた点」を表わすものとされています。そして代数学では等号や等式が用いられるのですが、(ほかの作品で述べたように、量的に等しい「相等」と質的に等しい「相似」との結びつきを、「合同」と定義するから)ここで「合同」を用い、∞という記号で表わします。

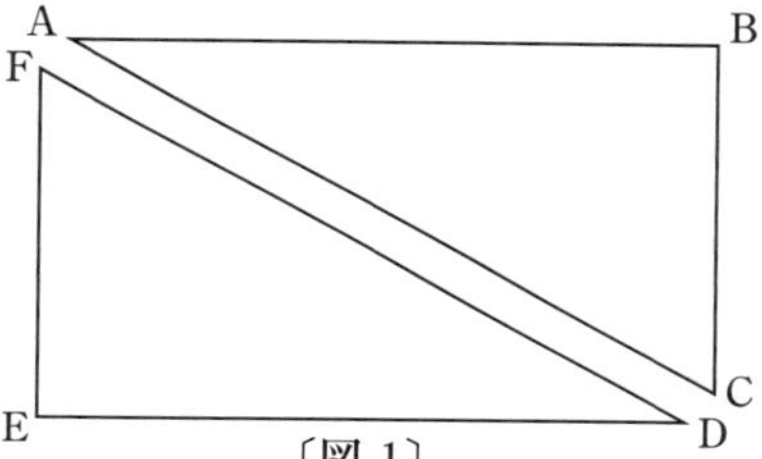

〔図 1〕

たとえば第一の図〔図1〕において、ABC∞DEFとは、「点の秩序からいって三角形ABCと三角形DEFとのあいだには合同が成立し、二つの三角形は厳密に同一の場所を占めることができる。また二つの図形について、位置以外には何も変えないで、一方を他方の上に重ね

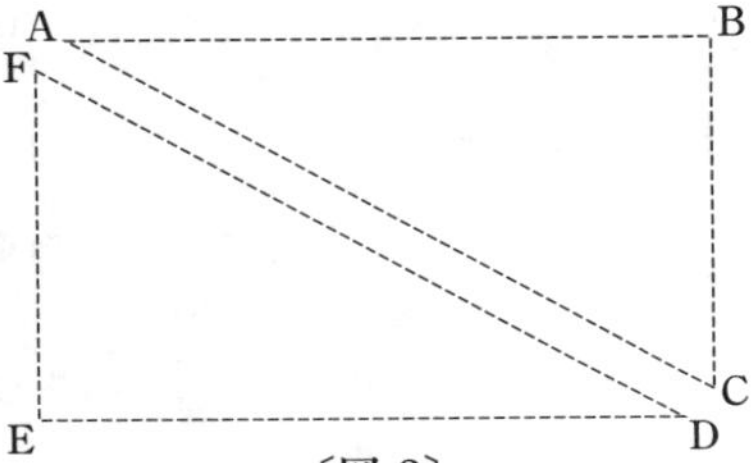

〔図2〕

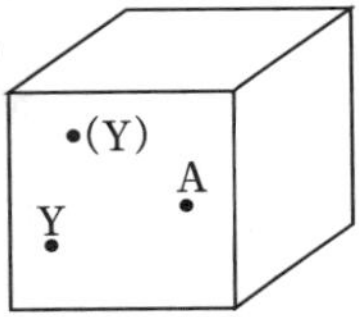

〔図3〕

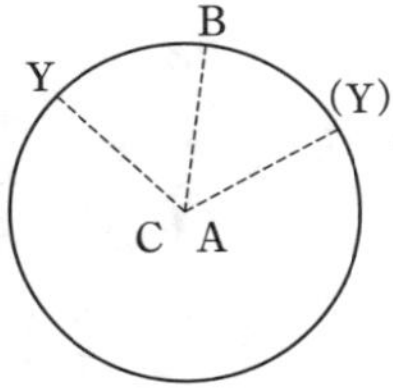

〔図4〕

るとか置くことができる」という意味です。

そこでDをAに、EをBに、FをCに重ねると、二つの三角形は〔両者が相等で相似であると仮定しているから〕明らかに合致します。しかしまた、三角形について言わなくても、同じことをある仕方で点について言うことができます。

つまり第二の図〔図2〕で、**ABC∞DEF**とは、「三点A、B、C相互の位置も、三点D、E、F相互の位置も変えないことにして、同時にAをDに、BをEに、CをFに置くことができる」という意味です。その場合、前者の三点（A、B、C）も後者の三点（D、E、F）も固定した線〔それが直線であろうと、曲線であろうとかまわない〕によって、たがいに結ばれているということが前提されています。このように記号の説明をしたあとで、さて位置（の考察）にむかうことにします。

A∞Y〔図3〕としなさい。この場合、A点が与えられていてA点と合同なすべてのY点、あるいは（Y）点の位置は何かが問われているのです。

私は、これらすべてのYの位置は、あらゆる方向へのびる無限の空間であると主張します。なぜかというと、世界のあらゆる点はたがいに合同である、つまり各点は常に他の点に位置することができるからです。そこで世界のあらゆる点は同一の空間に存在することになります。この位置をY∝(Y)と表現することもできます。これらはすべて、あまりに明白なことですが、われわれはものごとを最初のところから始める必要があるのです。

AY∞A(Y)〔図4〕としてみなさい。あらゆるYの位置は、「その中心がAであり、その半径AYが量の上からいって常に同一である、すなわち所与の長さABまたはCBと等しいような球の表面」となります。だから同じ位置を、次のように表わすこともできるのです。**AB∞AY**あるいは**CB∞AY**。

AX∞BX〔図5〕としてごらんなさい。あらゆるXの位置は平面になります。二点A、Bが与えられ、A点にたいする位置がB点にたいする位置と等しいような、第三の点Xはどうであるかが問われます。〔すなわち、AXがBXに等しい、あるいは、等しい直線は

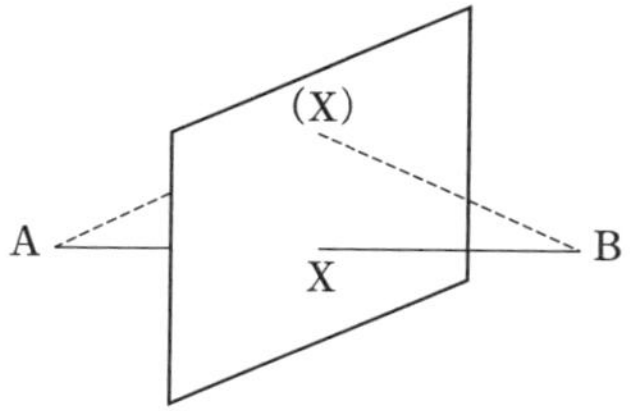

〔図 5〕

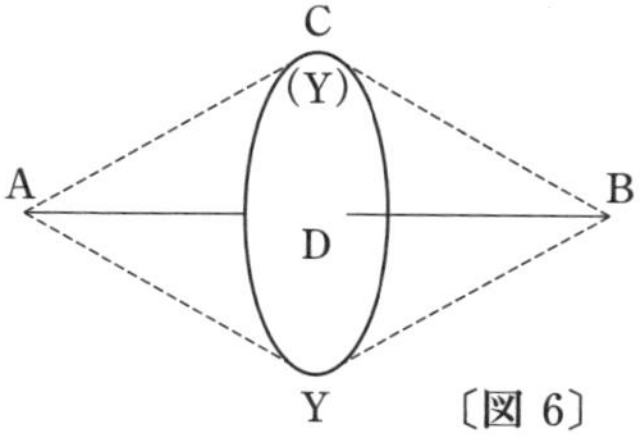

〔図 6〕

すべて合同ですから、AXがBXと合同である、あるいは、B点がX点にたいしてもっていた元の位置を保ちながら、B点がA点の上に重ねられる。〕

さて私は、無限にひろがる唯一の平面上のあらゆる点X、(X)がこの問題に満足を与えるものと主張します。なぜならAX∝BXであるように、A(X)∝B(X)なのですから。ところで、この平面上以外にはこの条件をみたす点はありません。だからこの無限にひろがる平面が、A点にたいしてもB点にたいしても等しい位置を保つような世界のあらゆる点の、共通な位置となりましょう〔ここから、この平面は直線ABの中点を通ること、直線ABはこの平面にたいする垂線であることがわかる〕。ABC∝ABY〔図6〕としてごらんなさい。あらゆるYの位置は円となります。すなわち、三点A、B、Cが与えられており、CがABにたいする位置と同様な位置をもつ第四の点Yがもとめられるのです。私は、この条件を満足しうる点が無数に存在すること、しかもこれらのすべての点の位置が円であると主張します。円をこのように描いたり定義することは、〔エウクレイデス(ユークリッド)の場合と異なって〕平面を前提とすることがないし、また直線を前提することとさえありません。しかし、この円の中心がAとBとの中点Dであることは、明らかです。

われわれは次のように言うこともできます。ABY∝AB(Y)この場合、(Yの)位置は円ではありますが、それではまだ円が与えられたことにはならないのです。だから、与えられた一点をつけ加える必要があります。そこで、こう考えることができます。「A点とB点とが固定している。またC点がなんらかの固定した線〔それが直線であっても曲線であっても〕によってこの二点と結ばれ、この二点にたいして同じ位置を保っているとき、CはABを軸とする回転の結果円CY（Y）を描く」と。

このことから、他の点との関係にある一つの点の位置は、それらの点が任意の線で結ばれているという仮定さえあれば、直線を表現しなくても理解できると考えられます。この〔任意の〕線が固定していれば、二点相互の位置は変わらないものとなります。また、二点と他の二点とがあって、前者を結ぶ線が後者を結ぶ線と合同である場合には、前者相互の位置関係は後者相互の位置関係と同じであるということもわかります。このように言うのは、次のことを認識しているためです。つまりこれまで述べたことは、直線には依存していないこと〔直線の定義についてはあとで述べます〕、またAとCとの相互の位置と、直線ACとのあいだには相違があるということです。

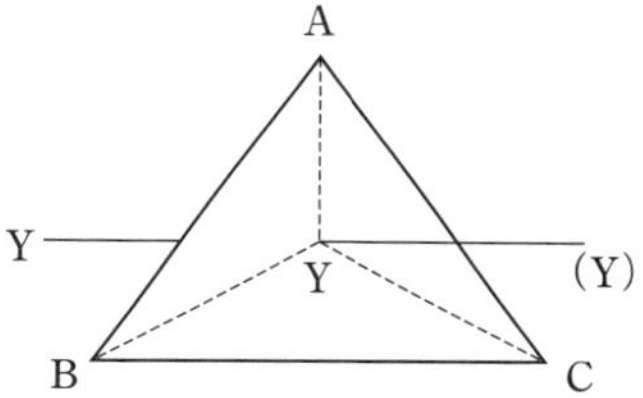

〔図 7〕

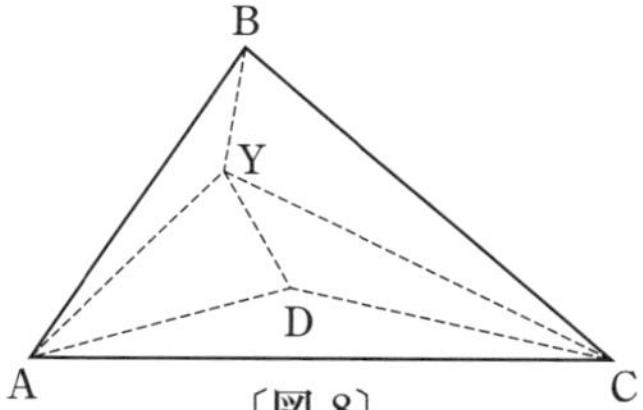

〔図 8〕

AY∞BY∞CY〔図7〕としてみなさい。あらゆるYの位置は直線になります。すなわち三点が与えられ、Aにたいする位置がBとCとにたいする位置と同様であるような点Yが問われるのです。私はこれらの点すべてが、無限直線Y（Y）になると主張します。この場合、あらゆる点が同一平面上にあるものとすれば、直線を決定するためには二点が与えられることで十分になるのです。

最後に、AY∞BY∞CY∞DY〔図8〕としてみなさい。（この場合の）位置は唯一の点となります。なぜならこの場合、与えられた四点A、B、C、Dにたいして同一の位置をもつような点Yがもとめられているからです。つまり直線AY、BY、CY、DYが等しいのですから、（この条件を）みたしうるものは唯一の点しかないわけです。

これらの位置と同じものが、ほかのさまざまな仕方で表わされうるのですが、ここに述べたのはもっともかんたんな、またもっとも充実したものであって、定義として役だてることができます。この手紙を終わる前に、これらのものが推論に役だつことを明らかにするために、さきの記号を使って、位置の交わりから生ずるものを示したいと思います。

第一に、二つの球面の交わりは円であります。『なぜなら、円の表現はABC∞ABYですから、そこからAC∞AYとBC∞BYとが出てきます。そして、これらの合同関係に対応する位置は二つの球面であり、そのうちの一つはAを中心としACを半径とする球、他の一つはBを中心とし

BCを半径とする球です。

同様にして、平面と球面との交わりは円であります』②。なぜなら、球の表現はAC∞AYであり、平面の表現はAY∞BYですから、AC∞BCです。それは、C点が（無数の）Y点の一つだからです。さて、BC∞ACであり、AC∞AYですから、BC∞AYであり、AY∞BYですから、BC∞BYです。これらの合同をあわせますと、ABC∞ABYが得られ、したがってAB∞ABとBC∞BYとAC∞AYが得られます。さてABC∞ABYは円の表現ですから、平面と球との交わりは円であることがわかります。それがこの種の計算によって証明されたわけです。

同様にして、二つの平面の交わりは直線であることがわかります。その理由はといえば、一方には、AY∞BY、他方にはAY∞CYという二つの合同関係があるとしますと、AY∞BY∞CYが得られ、これに対応する位置は直線なのです。

おしまいに、二つの直線の交わりは一つの点です。なぜなら、AY∞BY∞CYでありBY∞CY∞DYであることからAY∞BY∞CY∞DYが出てくるのですから。

さて、さらに備考を一つだけ加えておきます。私は、想像力に服さない事物にたいしてさえ記号をひろげて適用することが可能であると考えます。しかしこれは、あまりに重要なことであり、またあまりに問題をひろげすぎるということになるので、いまわずかなことばで述べることはできません。

(1) これは、ホイヘンスにあてた手紙(一六七九年九月八日付)の付録としてつけ加えられたものである。ライプニッツはパリ在住時代に、ホイヘンスから指導をうけ、大いに数学研究を深めて、この時代に微積分学をほぼ完成した。位置解析も微積分学も、彼の生涯の構想である普遍数学、普遍的記号法の一環と見なされる。微積分学はデカルトの解析幾何学の発展と見られるべきものだが、位置解析の着想は、解析幾何学を別の方向へ発展させたものであり、彼の空間論に、ひいては哲学思想そのものに重要なかかわりをもつ。解析幾何学が座標の考えから出発する結果、量の見地に依存するのにたいし、位置解析は質の見地を導入し、量にたよることなく、点の計算によって直接に図形を表現しようとする。このように新しい着想をふくむものであったが、ホイヘンスにはまったく理解されなかった。しかし、彼の企図は、十九世紀以後の位相幾何学において大きな展開をみることになった。

(2)『』の箇所はゲルハルト版に欠けているので、カッシラーのドイツ語訳によって補う。

学問的精神について①

自然学の効用について

どんな学問も、人に誇るというようなむなしい知識欲のためにでなく、行為を目的としてもとめられるべきものである。ところでわれわれは幸福を手に入れ、永続的な快活の状態を得るために働くのであって、真の快活とはわれわれの意識を完成することである。いかなるものも、それが本性上自由になればなるほど、すなわち周囲の事物にたいする自己の力を大きくすればするほど、また外界の事物から影響をうけることが少なくなればなるほど、それだけ完全になると見なされる。

さて精神本来の力は知性であるから、われわれが万物について所有する知識が明晰となればなるほど、またわれわれ自身の本性にしたがって、つまり理性的に行為すればするほど、それだけわれわれは幸福になるであろう。正しく考えれば考えるほどそれだけ自由となるであろうし、外界の物体から及ぼされる影響をうけなくなってゆくであろう。

しかし、精神は身体からさまざまな影響をうけるし、宇宙のごくわずかな部分であるわれわれの身体は、周辺の物体から押されたり傷つけられたりすることがありうるから、われわれがそういう外界の影響を全面的にさけることは不可能である。そこで、物体界の知識が必須となるのであるが、それは、次のような二つの理由からである。

第一に、事物の目的と原因とを認識することによって、われわれの精神の完全性を高度にするため、第二には、精神の道具であるわれわれの身体にとって必要なことを促進し、有害なものをとり除くことにより、身体を維持し保護するためである。学問のこういう二つの用途のうち、第一のものは理論的自然学に、第二のものは経験的自然学に期待することができる。

理論的自然学は事物の目的と原因とをとりあつかう学であるが、精神を完成し神を敬うのに主として用いられる

その理由はこうである。だれかが偶然または言い伝えによって、自然の最高のまたもっとも有用な秘密、たとえばあのように多くの製作者からすすめられている金属チキン②を手に入れたのに、この秘密の原因を理解していない場合、なるほど外面的な財宝のうえでは以前よりも豊かになるのだが、精神の自由を保持するためにその秘密を用いるのでないと、以前よりも幸福で賢い人になったとは言えない。ところで、だれかが自然の驚くべき作品を発見し、自然の作用の仕方を認識した場合、日常生活にたいするそういう知識の効用が明らかには示されえないとしても、その人は何か大きなことをしたことになる。つまり行為にいたる機会が思いがけなく明らかになれば、真の知識というものはいずれも、外的事物にたいする力を増すけれども、その知識はこういう偶然に依存しない別の効用を有している。それは精神の完全性ということである。なぜかといえば、われわれが自然法則ないし「神的発見の機構」を把握した場合、たんに人間の考えだしただけの機構を理解する場合よりもずっと先へ進むことになるであろう。というのも、われわれは万物の創造者たる神よりも良い教師から学びうるだろうか。「その称讃が事物そのものの証言によって表わされているような讃美歌」以上に美しい讃美歌を歌えるだろうか。

各人が神にたいする愛をよく基礎づけうればうるほど、その人はそれだけ強く神を愛していることになる。そして他人自身の完全性から喜びを得ることが、ほんとうの愛である。だから、もっとも完全なものの認識、あるいは〔同じことだが〕そういう完全なものへの愛が、われわれの精神のなしうる最高のことである。ここから、もっとも深いまたもっとも永続的な快、すなわち幸福というものが成立してくるにちがいない。したがってわれわれは、宇宙では何かが悪い状態に造られているとか、神を尊ぶ者を神が見捨てるなどと考えてはいけない。しかし、この点をもっとくわしく説明することは、別の学問の仕事である。けれどもこのことは、人々が自然学のきわめて重要な目的を極力忘れないために、考察せねばならなかったことである。

経験的自然学は人間の生活にとって有用であり、国家において奨励されねばならない

日常生活にあてはまるもう一つの効用は、理論的自然学にとっても、経験的自然学にとっても共通なものである。というのも、もしなんらかの病気にたいするいわゆる特効薬をもっているなら、その薬のはたらき方が未知であっても、その薬によってすくなからず癒《いや》されることであろう。けれどもこころよい生活をおくるために必要なことの大部分は、われわれが経験の中から発見したものである。たとえば、火や水の効用がそれであるし、金属の鉱石を融《と》かして塊とし、それが熱せられると型に入れやすくなり、冷えると固まるようになるというのがそれである。種子から植物を生じさせる地の力、動物を狩り、馴らし、訓練すること、有害な食品と有益な食品との識別、衣服と住居がそれであり、最後に人間相互の交際がある。この交際がなければ人間生活はみじめであり、動物のようになってしまうことだろう。

ここから、いろいろな種類の人間社会が成立してきた。そして一方には国家行政の（はたすべき）義務が、他方には一定の技術の遂行という課題が分かれ、そのおかげで、材料の調達、準備、分配をとおして、一般の需要にたいして助力が行なわれることになった。そこで自然学は、社会

にあっていつも非常に高く評価されてきたのである。奇跡を信じていた古代人は、果物の種をまくこと、ぶどうの木を植えることを教えた人々を、神の下に位置づけ（て崇拝し）た。

今日では、発明家や何か新しいものを導入する人々にたいして、賢明無比な諸侯から賞が出されている。これは当を得たことである。というのは、ほんのちょっとした着眼でも、それが都市全体や国全体を栄えさせることが、たびたびあったからである。その例としては、養蚕の技術があげられるだろう。これは、すこし前からイタリアに、またその後はじめてフランスに導入されたものであるが、今日では何千人もがこれで生活している。それから、ヨーロッパで明礬《みょうばん》料理の技術をはじめて基礎づけた人があげられる。この技術はシリアのロッカからきたものである。また、にしんを塩漬けにすることを教えた人があり、この技術はいまでは、ベルギー人の大きな仕事の一つである。たしかに、なんらかの自然観察にもとづかないような手細工というものはほとんどない。また私の考えでは、人がそれを知りさえすれば即刻通用して、いろいろな技術に利用しうるようなものが数多くあるのであり、そういうものが大勢の人間に知られている。

われわれは実験目録の基礎を見いださなければならない

だから、ごくわずかの人にしかわからず、学問にとって無益のようにみえがちな観察を、自然史のはたらきを基礎づけることによって公に知らせることは、国家の利益につながる。そういうはたらきにおいて、目録の形で実験が報告されることになる。というのも、一つのことばかりやっている者は、新しいものを発見することがまれである。なぜなら、対象とするものがやがて尽きてしまうからである。しかし、たがいにずっとはなれあったものを数多く探究し、それらを結合法的にあつかう天分に恵まれた者については、事物相互の新しい結びつきがたくさん期待できる。もし仮に人間が既知の発見のこういう目録の作成に着手するなら、そこから学問や技術のすべてにおける新しい発見が芽生えてくることであろう。

そうしたあかつきには、良識と勤勉の持ち主たちが協力し、書類で理解されたり、たんに言い伝えで保存されているだけの既知の実験を集め、書きつけ、順序よくならべ、いろいろな分類によって区別しなければならなくなろう。かつてビザンツの王たちがいて、われわれはその時代の編纂物や抜萃《ばっすい》を所有しているのだが、彼らは、それが当時の学問上の慣行でなかったのに、さきにいったのと同様のことを学問のあらゆる領域について計画したようである。

実験は公用の方法で企てられねばならないし、この企ての先端には、学問的にだけでなく道徳的にも卓越した人物がおかれるべきである

さて非常に重要な実験でありながら、まだまだあてにならず疑わしいようなものが、数多くある。賢明な人々の試みがいくつも提出されえたのであるが、それらはさらに実行してみなければならない。そこで国家のために、機械の倉庫をそなえ、外国のものをあれこれ集めた実験室を、さまざまな場所に設置する必要がある。この実験室では、自然の驚くべき作品をあれこれ観察したり、実験的に探究しうることになろう。この室では、各人は正当な審査員といっしょに自己の見解を吟味しさえすれば、自費を使わずに自己の発明心を思いのままに伸ばしてみることになろう。それに結びつくべきものは、動物園や病院である。またわれわれは、いろいろなことを経験する機会をもつ医師、狩人、旅人、職人たちに、正確な報告をもとめねばならない。そして勤勉な仕事にたいしては、報酬を設けるべきである。

ところで、それを守ればわずかな支出で大きな仕事ができ、逆に怠ればきわめて大きな費用が失われるということが一つある。それは、才能、判断力、学殖においてすぐれている人を選んでこの企ての先端におくだけでなく、親切心に関してもすぐれた人を選ばねばならないということである。こういう人は、嫉妬心《しっとしん》や羨望《せんぼう》の気持が少なく、不名誉な技巧を弄《ろう》して他人の仕事を横領しようなどとはしない人であり、派閥心がなく、学派の創始者と呼ばれようなどとは思わない人である。また学問への愛からのみ働く人、名誉欲や他人のけがらわしい利益のために働くことのない人である。このような人たちがおたがいに友人となることはたしかである。彼らは、称讃に値するような他人の努力を奨励するだろうから、人類のために最高度の貢献をすることができよう。かつてあのすぐれたメルセヌ(3)はこういう精神の持ち主であった。そしてさきに述べた人たちが、彼の示した模範にたいして、仮に学問上は及ばないことがあっても、誠実さのうえで劣ってはならない、と私は望んでいる。

厳密な、また広くおこなわれた推論の結論が、幾何学を模範として実験と結びつけられねばならない。幾何学の助けによってのみ、われわれはいろいろな原因を見いだすことができる

きわめてすぐれた実験であっても、そこから効用をひきだす人間がいなければ無益なものである。さて実験の効用は二種類ある。第一は、人生のさまざまな快適さに役だつものであり、原因から結果へと推論することによって発見される。第二は、真の原理を探究するのに役だつものであり、結果から原因へさかのぼることによって発見される。前者の推論方式は結合法的であり、後者のそれは解析的である。

第一の結合法的な推論方式は、一つの単純な吟味にある。そして他人からただ一語でこの吟味を指示されるだけで、ただちにこれを理解するということがある。しかも同じことを自分が思いつかなかったことをいぶかるのである。この種のものとしては、火薬としてすでに知られていた乳鉢《にゅうばち》の発明があるし、振子の振動の等時性として知られた測時計がある。

第二の推論方式は、慎重な考察を比較的長くつづけることによって成立する。それは、一種の幾何学ないし計算を適用するものであり、長い熟考の後にのみ理解されうることになる。この種のものとしては、振子のふぞろいな振動を規定する曲線の発見がある。

すでに述べたように、第一の推論方式は、はじめて実験の目録を手にする場合、天分のある人たちに開けてくるものである。なぜかといえば、こういう目録を通覧する人は、たくさんの有用な目的や手仕事への応用を、あれこれ思いつくことになるからである。

ところで、原因の発見がなければ、自然学の有用な部門である医学において大きな進展が望まれるはずはないのであるが、そうした発見は、性急な精神がさまざまな種類の事物にすばやく目をとおすといったところでは得られるものではない。この場合必要なのは、徹底した、ほとんど幾何学的ともいえる思考法である。すなわち、われわれの身体はいわば水分と空気とをもつ機械のようなものであり、液体をふくんでいる。この液体は重さだとか、感覚にわかる仕方によってだけでなく、かくれた仕方で、つまり溶解、沈殿、蒸発、凝固《ぎょうこ》、濾過《ろか》等の仕方で作用する。そのことによって、複合体が目に見えない諸部分に分解するのである。

だから、幾何学や力学から与えられる原理を用いて、これを可視的な世界にも不可視的な世界にも適用しうるということでないと、自然界の微妙な姿はわれわれの手からすべりおちてしまうだろう。ここにおいては、とくに理性が経験の欠陥を補わねばならない。というのは、空中に浮かんでいる塵《ちり》の十万分の一ほどにも小さい物質が、これと同じように微小な他の部分と結合している場合でも、（理性をはたらかせることによって）それが競技者の手にする球と同じくらい容易にとりあつかわれることになるからである。

もっとも完全な方法は、万物の創造者である神を見ることによって、物体の内面的関係をア・プリオリに発見することにある。けれどもこの方法はまったくむずかしいので、だれもが試みるというわけにはゆかない

さて実験から帰結を導きだす仕方に二種類ある。第一は、利用にいたる道であり、第二は、原因にいたる道である。ちょうどそのように、原因を発見する仕方も二つある。第一はア・プリオリな仕方、第二はア・ポステリオリな仕方であり、このいずれもが、確実であるかもしくは推測的にたしかである。

われわれが神に関してすでに知っている本性から出発して、神的な原理にふさわしい世界の構造がどうなっているかということを導きだすと、この出発点から出て最後には感覚的事物の原理に到達することができる。この方法は、あらゆる方法のうちでもっともすぐれたものであり、まったく不可能ではないように思われる。すなわち、われわれの精神に完全性の概念が刻印されているのであって、われわれは神がもっとも完全な仕方ではたらくことを知っている。

しかし私は告白するが、この方法は絶望的ではないにしてもきわめて困難で、だれもが理解するというようにゆくはずはない。おまけにこの方法はまわりくどいので、人間が最後まで到達することはできない。つまり、感覚的に認識される結果というものはあまりに複雑であるから、それを第一原因にまでひきもどすことは容易でない。

だが、この方法は卓越した天才の歩むべき道といえよう。こういう方法によって、こまかい点にまですっかり到達することは望めないけれども、このやり方で事物の全体、神の偉大さ、精神の本質などについて、正しい概念を得ることができる。精神が最高の完全性を獲得するのは、この概念によってである。観想的考察の目的はとりわけここに存する。ところで私見によると、この方法を究極的に完成することは、現在よりもすぐれた生活をおくるときまで保留されている。

非常に多くの現象によく適応しうるために、われわれがそれを確実と見なしうるような仮定がある。その他の仮定からもとめられるべきものは単純な仮定である。これはさしあたり真の原因のかわりに用いられうるものである

仮定的方法は、証明なしにはじめになんらかの原因を仮定し、この原因を前提すれば現にいま起こっていることが起こるにちがいないという点を示すことにより、仮定からア・プリオリに出

発する。こういう仮定は暗号の鍵によく似ている。それが単純であればあるだけ、またそれによって説明されるものが多ければ多いだけ、必然性を増すものとなる。

だが、この手紙はさまざまな鍵で説明されうるけれども、ほんとうの鍵はそのうちただ一つだというようなぐあいに、わざと書くことは可能である。ちょうどそのように、一つの結果がいくつもの原因をもつこともありうる。だから、ある仮定から成果が出たからといって、そこからいつも確実な証明が導かれうることにはならない。だが私は、次の点は疑わない。なんらかの仮定によってうまく説明される現象の数が相当に大きなものであるということから、そういう仮定は人間的に確実と見なされうるのである。この種の仮定は実際の使用にとって十分満足のゆくものである。だが、同一の現象をもっとよく説明するとか、比較的大きな数の現象を同様によく説明するような、他のもっとよい仮定がうかびあがるまでは、完全性の劣る真理を真理のかわりに用いることも必要である。これは、われわれが確実なものと確実らしいものとの区別を慎重にやりさえすれば、まったくさしつかえないことである。

しかし、架空《かくう》とわかっているような仮定を用いることは、学問には役だたないにしても、記憶に役だつことがしばしばある。この種のものとしては、たとえば次のような語源学がある。それによると、ヘブライ語の語源はドイツ語に由来するということになっている。こんな仮定をするのは、ヘブライ語が生徒たちにいっそうよく記憶されるためである。

現象が仮定から導きだされうる場合、その現象は仮定のうちに可能的にふくまれている。だから、この仮定を記憶している者は、たとえその仮定がまちがいで、これとあわない他の現象が発見されたことがわかっても、もとの現象を念頭にうかべることができる。そこで、天体についての素人《しろうと》の知識で満足しようとする天文学の初学者たちにとっては、プトレマイオスの仮説⑷が満足のゆくものとなりうるのである。だが私の考えによると、知っているかぎりのほんとうの仮定を教えるほうがいい。

原因を推測し予言をおこなうためには、アナロジーが有用である

ア・ポステリオリな仮定的方法は実験から出発するのであるが、これはたいていアナロジーにたよるのがふつうである。たとえば、地球と磁石とは非常に多くの点で一致するものだから、地球は大きな磁石であり、構造上磁石に似ているとか、重さのある物体が地球にひきつけられる仕方は、磁石が鉄をひきつける仕方に応ずるものだと述べる人は多い。そのほか、海の干満をふくむあらゆる現象を、醱酵《はっこう》ということから説明する人もある。

またこのほかに、物体の抵抗をすべて酸とアルカリに還元する人もある。その理由としては、アルカリ性の物体が酸性の物体に対立する関係にあることがわかっているからである。われわれはアナロジーの濫用を警戒せねばならない。しかし、アナロジーというものは、特殊から普遍を

帰納的に推論するためにも、これを基礎として簡潔な普遍的命題をうちたてるためにも、いちじるしく役だつことができる。そういう普遍的命題の助けでわれわれは、まだ経験したことのないものごとについても予言をおこなうことができるのである。このような方法は、真の原因の探究にとっても有用である。なぜならこれによって、いくつかの事物に共通な現象の原因を探究することが、ますます容易になるのだから。

そこで、われわれが同一の仕方で解読される文字をいくつか所有していれば、暗号の解読はもっと容易になってくる。ここから、ある対象に関する同じ現象の原因というものが、ほかの場合よりももっと容易に探究されることにもなる。それは、いろいろな動物を解剖する解剖学者が経験するところである。

実験から出発する理性的推論の方法は、現象をその属性に分解し、それぞれの属性に関して別々に原因と結果をもとめる

さてそこで残るのは、実験から原因にいたる理性的推論の確実な方法である。これはもっとも多く、しかもこれまでよりいっそう注意深く用いられねばならないものと私は思う。すなわち、人間は想像力をはたらかせながらしかも知性に適応するから、十中八九までアナロジーで満足する。

実験にもとづく理性的推論の真の方法というのは、次のようなものである。色、臭《にお》い、味、温かさ、寒さその他触覚で感ずる諸性質、最後に大きさ、形、運動のような一般的属性を別々に考察することによって、各現象をそれの全細目にまで分解する。さて、これらの属性のそれぞれにたいして原因が発見されたならば、現象全体の原因を必ず手に入れることができるであろう。

おそらくある種の属性にたいしては、いつもくりかえす恒常な原因でなしに、いくつかの可能的な原因が見つかるのであるが、そういう場合にはここで妥当しない原因を除かねばならない。たとえば同じ現象に関して、AとLという二つの属性があるとしよう。またAについて可能な原因がb、cと二つあり、Lについて可能な原因がm、nと二つあるとしよう。さて原因bが原因mとも原因nともいっしょには現われることがないとわかった⑤場合、Aの原因はかならずcにちがいない。またmはnと両立しえないとわかれば、nがLの原因だということになるであろう。ありうべき原因を完全に数えあげてしまうことはできないけれども、いまいった除去の方法には、全体としてはやはり真実に近いものがあるであろう。現象の原因でなしに結果が問われているときも、事情は同じである。つまりこの場合には、個々の属性の結果が探究されることになろう。

複雑な属性は単純な属性に分解されねばならない。また、なるほど一見したところでは感覚の属性であっても、知性の原理からみれば

単純であるような属性は、その直接の原因にまでひきもどされる必要がある

感覚に与えられる属性は、一部は単純であり、他は単純な属性からの合成である。たとえば単純な属性とは温かさ、固さ、持続などがそれであり、複雑な属性とは、ある物体が温かさによって固体の状態でなくなるところに成立するような、可溶性がそれである。そこで、複雑な属性は単純な属性に分解されねばならない。ところで単純な属性が単純であるのは、その本性上知性の原理にしたがっているか、あるいはわれわれの感覚との関連においてかである。本性上単純な属性の例としては、存在とか持続とかいうことがあげられる。これに反し、われわれの感覚との関連で単純な属性は温かさである。というのは、目に見える事物に接したとき、われわれに温かさの感じをひきおこすようなこの身体の状態は、どんな機構から生じてくるかという点が、感覚から示されることはないからである。

ところが精神は、次のことを正しく認識している。それは、温かさというものはそれだけで理解されるような絶対的なものではなくて、その本質の所在が説明されてはじめて正しく理解されるものである。またその近接した、いつもくりかえす原因はこうだ、たとえば空気の膨脹とか、空気よりも希薄な流動体の特殊な運動がそうだというふうに、一定の仕方で記述されてはじめて、正しい理解をうけるものである。

錯雑した属性は、十分明白に区別され認識されるとき、はじめて生じてくる

ここから明らかになることであるが、感覚的な属性は知性の原理から言うと、錯雑したものと判明なものとに分けられる。錯雑した属性とは、自身のうちで、または知性の原理上から言うと複雑であるが、感覚にとっては単純であり、その定義が明らかにされえないような属性である。こういう属性は記述によって知られうるのでなく、それが提示されることによってのみ感覚に知られうることになる。

一つの土地があって、そこでは人間が太陽や火を知らず、温かい血でなく冷たい血の持ち主だと考えてみる。こういう土地では、どんな記述をしてみても、温かさが何であるかを理解してもらうことはできないだろう。なぜかといえば、たとえだれかがその人たちに自然の内奥の秘密だとか、温かさの原因を完全に説明するとしても、その人たちがたまたま温かさに遭遇するのでなければ、やはり温かさを認識することはないであろう。つまり彼らは、自分の心に知覚する特定の感覚が、これこれの運動から生じたかどうかを知ることはできないだろう。なぜなら、われわれは心の中に、また感覚器官の中に現われるものを、一義的な仕方で認識することはできないからである。

ところが、だれかがその人たちのそばで火をともしたとする。その場合には、彼らは温かさというものを経験することであろう。同様にして、生まれつきの盲人は、光学全体を学びとることはできても、光の観念を獲得することはできないであろう。

判明な属性とは、それが分解（の内容）をもっている場合に、その分解が知られているような属性である

判明な属性は、それ自身知性にとって単純であるもの、すなわち存在や持続のようにそれ自身の力で理解されるものであるか、あるいは定義によって説明されうるものである。定義によって説明できるというのは、円とはあらゆる点が一点から等距離にあるものだとか、重さとは地球の中心に向かって動く傾向だというように、ある特徴づけによってわれわれに知られうることである。

前者（存在や持続）は分解がなくても十分判明に理解される。それはもともと、分解できないものだからである。ところが後者（円や重さ）は、理解、認識、区別の手がかりである属性に分解される必要がある。可溶性の場合、その定義には、前述のとおり温かさがはいりこんでいるのだが、このように属性が他の、しかも錯雑した属性に分解されることが多い場合には、その分解がすすむにつれて判明さがますと考えることができる。ところで、もっと高い程度で判明な属性

というのは、たとえば円形や直線運動のように、判明な属性に分解されるものを言うのである。

いくつかの感覚に共通な属性はとくに判明であり、判明な属性のうちでは同種のものがいっそう単純である

ところで注意すべきこととして、いくつかの感覚に共通な属性がとくに判明な属性と見なされねばならない。なぜかというと、こういう属性は、錯雑した、さらに感覚に依存した属性に分解されるのではなくて、知性に由来した概念に分解されるからである。こういう属性としては、量、位置、持続、運動がある。

この点については、ふしぎがる必要はない。なぜなら、これらの属性はいくつかの感覚に共通なものであって、感覚器官の特定のあり方に依存することがなく、器官の中での不可視の運動に依存することもない。この運動の微妙さや多さが、われわれの知覚を錯雑したものにするのである。むしろ(いま言った)判明な属性は、物体そのものの本性であるような性質、さまざまな感覚器官に共通な性質に依存している。だからそれは、特定の知覚からくる混乱をまぬかれている。さらに言わねばならないことだが、判明な属性のうちでいっそう高度に単純なものとは、全体と部分とにたいして同じように帰属するところから、同種と呼ばれるような属性である。そこで延長は形よりも何かいっそう単純なものである。なぜなら、部分に帰属せずに全体に帰属するもの

は、この全体がかの部分から成るがゆえに、全体に帰属しうるものであり、したがってそれは部分を見ることによって説明されうるものである。だからこういう属性は、それの生ずる源である部分の属性に分解されうる。これは、同種の属性については言われえないことである。

ここで私は、延長のような一定の同種の属性のことだけを考えている。というのも、錯雑した同種の属性、たとえば「白い」ということは、なるほど全体にたいしても部分にたいしてもあてはまることであるけれども、白いものの任意の不可視な部分のどれをとってみても白いかどうかは、確実には言えない。もっと当然の話として、反対の主張をすることさえできる。個々の気泡は白くないのに気泡全体は白い、ということがわかるからである。

一般的に言って、いっそう単純な属性や高度に同種の属性が、考察において優先的にあつかわれねばならない

同様にしてわれわれは――それが感覚にたいする場合だけであっても――流動体、塩、金属のような同種の物体が、有機体、植物、動物などよりも単純であると見なさねばならない。有機体、植物、動物などはさまざまな同種の部分から合成されたものだからである。また対象となっている同種の属性をほかの属性といっしょに考察する場合に、同種の属性は、錯雑した属性が問題となっているときであっても、ほかの属性に先だってとりあつかわれねばならない。

さらにまた、次のような物体をあつかって研究するやり方は比較的有用であり、考察において優先すべきものである。その物体とは、化学者がよく言うように、おのずから生ずるもの である、つまり火、水、地のような一般的事物とはちがうものを、何かつけ加えなくても生ずるものである。そういう考察のさい、いまあげたこれらのものはできるだけ純粋に、つまりほかの性質をできるだけ混入させないようになっていなければならない。

そして一般的に言って、ある現象が単純な事物に関しても複雑な事物に関しても、同様の仕方で生ずる場合、またはその両者による結果が同様の仕方で生じうる場合、単純なものが優先してあつかわれるべきである。そこで太陽の光線から生まれた温かさによってなされる実験は、台所の火による実験よりも単純である。台所の火はある種の酸を発生し、これによって事物が変化することになる。

実験にたいしても理論にたいしてもひとしく有用でありながら、しかも結果として錯雑した属性でなくなるとはいえないような属性が、別に存在するのだが、錯雑した属性をそういう属性にまで分解する一種の実験がある

錯雑した属性の原因を探究して、この属性の分解やなんらかの分析を手にするためには、この

属性を他の属性と比較するばかりか、この属性の主体とも比較してみなくてはいけない。ここで主体というのは、もちろん属性によってのみ認識されうるもののことである。そこで、ある種の属性を主体と比較するということは、この属性を「同一の対象に集まっている一連の他の属性」と比較することにほかならない。こうして錯雑した属性は、他の錯雑した属性、または判明な属性と比較されうることになる。ところで他の属性との比較は、次のような意味で成立する。それは、その属性が同じ主体において相会する仕方、たがいに関連して調和的になっている仕方、さらに一方が他方に変化したり他のいくつかの属性から成りたっている仕方、といったことが判明になっていることである。

そこから、たいていの場合、錯雑した属性の分解ということも明らかになる。私はこれを、知性的な分解から区別して、属性の実験的な分解と呼んでいる。たとえば、緑色は青色と黄色との混合から生ずるのだが、そのさい生じている変化は「色のついた現象」における変化ではなくて、目における変化にすぎない。だからわれわれは多くの場合、顕微鏡で、個々の成分をもとの黄色と青色とに区分することができるのである。けれども、だからといって、青色や黄色が緑色よりも本質上根本的だとか単純だと、自信に満ちて主張することはできない。なぜかと言うと、われわれは黄色と青色とから緑色が生ずることを（十分）理解しているのではなく、たんに経験しているにすぎないからである。だからわれわれがこの現象をあらかじめ見てとることはできなかったであろう。

ところがそれと反対に、二つの直角二等辺三角形が同一平面上で共通の斜辺によって結びつくと正方形ができるとか、二つの奇数の和は偶数になるといったようなことを、けっして経験することはないだろうけれども、理解はする。なぜなら、知性的な分解や定義にあっては、記述の中にはいりこんでいるものが理解されれば、その記述が理解されるからである。しかし、感覚をとおして生ずるだけの分解においては、事情はちがっている。つまり、このような仕方で分解されるものが、錯雑状態をやめないのである。なぜかと言えば、われわれは二つの色の錯雑した現象からどういうふうにして第三の色が現われるかを、理解できないからである。

錯雑した属性、たとえば光の主体、その属性の原因、それの生ずる仕方などを考察したり、またその反対のこと、たとえばそれがこわれたりふえたりする仕方を考察し、最後にその結果を考察する場合、われわれは他の一連の錯雑した属性または判明な属性を集めて、これをさきの属性と比較することになる。

ところで、他のさまざまな属性に先だって考察すべき属性は、判明な属性である。持続、量、運動、形、角そのほかのものがそれである。なぜならわれわれは、判明な属性を考察するのと同じ仕方で、理性的に推論しうるからである。自然学にたいする数学の適用は、錯雑した属性にともなう判明な属性をこのように考察するところにある。光線の入射角と反射角とは等しいとか、この二つの角は表面に接する平面に鉛直線をたてて測られねばならないということをいったん学んでしまうと、われわれはすでに反射光学の全体の基礎を難なく得たことになる。同様にして、屈折光学の基礎を得るためには、屈折に関するごくわずかな実験が必要であるにすぎない。

錯雑した属性を判明な属性にことごとく分解することは、おそらくいつもわれわれの力の範囲内にあるとは言えないけれども、錯雑した属性は本性上から言えば、すべて判明な属性に分解される可能性を有している。そこから、物体の性質や変化がすべて、その本性上、結局はある判明な概念に還元されうるということが生じてくる。ところが物体においては、それが物質もしくは「空間をみたしているもの」としてだけ考えられているかぎり、判明な仕方で理解されうるのは、空間の原理にふくまれている量や形と「空間の変化としての運動」だけである。だから物質的なものは、量と形と運動によって説明されうる。

私の知るところでは、この説明とはちがう意見の人も多く、この人たちは、たとえば温かさ、光、弾力、重力、磁気力のような性質を、実体形相から生ずる独立な本質と見なしている。私もこのような見解を全面的に非難するものではない。なぜかと言うと、そういう性質の分解をたずねることがまったく必要でないことが、非常にしばしばあるからである。そこで力学者は、物体が重力をもつのは内面的な原理によることか、それともまた外部から押されて地球のほうへ動くことか、という点について考えてみようとはしない。だからたいていの場合、力学者が重力を、また光学者が光を、何か独立なもの、それ自身で理解できるものとして承認するのは、あたりまえの話である。

しかし事物の知覚においては、われわれはそういう性質の根底を述べて、それが物体において成立する仕方を説明できなければならない。そこでいまこう想像してみる。ここに一人の天使がいて、物体はどうして重いかについてわれわれに説明しようとしている。しかしそのさい、彼が実体形相だとか共感その他同様のことがらについてどれほどたくみに語ってみても、彼が目的に達することはまったくないであろう。そうではなくて、彼がわれわれに十分わかる説明を与えれば、そのときはじめて彼は知識欲旺盛なわれわれの知性を満足させることになろう。そしてこの十分わかる説明によって、物体がよく理解されたときには、われわれ自身、この物体から⑥必然的に重さが生じてくることを認識し、しかも幾何学的な確実さをもって証明できることになる。そこでさきの天使は、われわれが判明な仕方で知覚する事物だけをもちだしてくればよいことになる。ところで物体について、判明に知覚されるのは、量、形、運動だけである。そのことをこえて、物体に実体形相、精神、感情、欲求といったようなものをだれかが認める場合、私は反対はしないが、あくまでもこう主張する。

「これは、純粋に物体的な現象の説明に役だつものではない。そういった感情や欲求がどういうふうに成立するかを、同時に十分説明するのでなければ、重さのある物体が地球を追跡するとか、地球を欲求するなどといってみても、それでは満足できない」

　この主張のようなやり方だと、結局のところは、知覚する者の器官の内面的構造つまり機械的関係に到達することになろう。なぜなら、知覚によって生ずるものはすくなからず機械的に生ずるのであり、器官のうちではいつも機械的法則に従う物体的運動が行なわれていて、それが精神の活動に応じているからである。

　私はこういうことも知っている。すぐれた、しかも非常に学殖のある人たちの中には、あらゆる物体現象が機械的に説明されることにがまんできない人がある。なぜかといえば、彼らはそういう機械的説明が宗教を害すると思っているからである。また彼らは、機械的説明の立場にたつと、世界の機構は神をも他の非物体的な実体をも必要としないことになると考えている。これは背理であり、危険だと彼らは言うのだが、それはもっともな話である。そこで、いたるところに神の干渉をもちだす人が多いし、ここかしこに叡知や天使を動力として導入する人もある。また、世界精神とか、なんらかの階層的な原理の存在を主張し、これらのはたらきから、重さのある物体が地球に向かって動くとか、世界の体系の保存に必要なものが生ずるのだという人も若干ある。

　しかしこれらはみな、現象を基礎づけるのに十分なものではない。というのも、たとえわれわれが、神、天使、精神その他なんらかの非物体的な実体のはたらきを導入しても、事物の真相としての原因とか作用の仕方というものの説明が別になされうるのである。物体のはたらき方というものは、その物体の諸部分がどうはたらいているかという点に関する説明がなければ、一義的な説明をうけることはできない。ところでこのことは、諸部分相互の関係や全体との関係が機械的に、つまり諸部分の形、位置、変化、運動、大きさ、間隙《かんげき》その他同類のものがわからなければ、十分理解することのできないものである。すなわち、いまあげたものはいつも作用の仕方を変えるものである。

さきに述べた人たちがある種の当代の哲学者たちを嫌うには理由があり、それには非常に良い理由、また軽視できない理由があることを私は認める。なぜかというと、当代の哲学者たちは動力因や物質の研究ばかりやっていて、目的や形相というものをなおざりにしているからである。しかし賢明な人は、どんな作用にも目的因と動力因があることを知っている。しかもそのさい、目的因があるのは、生起するもののすべてが感情を有する者によってなされるからであり、動力因があるのは、物体のうちに自然に生起するもののすべてが物体的手段や物体法則から生じてくるからだ、ということを知っている。

もし仮に、機械的法則を攻撃する人たちが、この同じ法則が結局のところ形而上学的原理に帰することを知ったとすれば、またこの原理が神の意志や知恵に起原をもつことを知ったとすれば、彼らはそんなにまで機械的説明を拒否しなかったであろうに。ほんとうのところ、私はこういう経験をしたことがある。それは物理的運動が数学的法則によって基礎づけられるばかりでなく、どうしても形而上学的法則をつけ加える必要があるということである。この点については、適当な場所でもっとはっきりさせたいと思っている。(7)

ところで私は、できればここで、もうすこし厳密に次のことを説明しておきたい。私は思うのだが、哲学の場合、スコラ的方法と機械的方法とのあいだにどんな中間の道をとるべきか、あるいはもっとよく言えば、どんな意味において両者いずれにも真理性があることになるだろうか。われわれがもしこのことを洞察しうると、哲学者たちのあの致命的な争いは終結するであろう。

この争いは最近、学派や大学だけでなく、教会や国家をも困らせている。機械的にものを考える人たちは、スコラ学者が生活にとって有用な事物について無知な人であるとして、軽蔑する。これにたいしスコラ学者、神学者、スコラ学信奉者たちは、機械的な考えの者を宗教の敵として憎んでいる。私の卒直に認めるところであるが、両方の側の人々は限界をふみこえているし、相手方を弾劾《だんがい》する言明があえて哲学者によって行なわれたようなこともたくさんある。

これは当然だと私は思っている。なるほど、あらゆるものはその本性上から言えば、明晰かつ判明な仕方で説明されうるようになっているし、神は、もし仮に欲するなら、われわれの知性にたいしてあらゆるものを公開することができるであろう。また物体の動力因は、その物体の諸部分のはたらきが把握されてはじめて、十分な理解をうけることになろう。こうしてわれわれは、その諸部分の組織をあつかうことなしには、物体的現象の説明をなんら期待することはできない。

しかし、だからといってこのことから、物体において認識しうるものは物質的、機械的なものだけだということが出てくるのではけっしてない。それからまた、物質のうちに見いだされるのは延長だけだということも出てこない。なぜなら、物体の錯雑した属性は判明な属性に還元されうるけれども、われわれは判明な属性に二種類あることを知っていなければならないからである。一は数学から導きだされるもの、他は形而上学から導きだされるものである。数学から出てくるものは量、形、位置、「位置の変化」であり、形而上学から出てくるものは存在、持続、能動、受動、作用の目的、作用者の感覚などである。

だから私はこう考えている。どの物体の中にも一種の感情、欲求、精神があるから、人間にだけ実体形相や精神を承認するのはばからしいことである。そしてこれは、あらゆるものが人間だけのために造られているとか、地球が宇宙の中心だとか思うのがばからしいのと同様である。

しかし他面では、こう考える。われわれが神の知恵や精神の本性から一般的な力学法則をいったん導きだしてしまうと、それから後では、個々の自然現象を説明するために、いつも精神とか実体形相に避難するのは愚かである。それはちょうど、あらゆることにおいて（見さかいなく）神の絶対的意志にたちもどることが、まちがいであるのに似ている。というのは、精神の作用は器官の状態によって規定されており、神の作用は個々の事物の条件によって規定されているからである。しかもこのことは物質の必然性によって起こるのではなく、目的因すなわち「善という尺度」によって起こるのである。

（1）刊行者エンゲルハルトの推定によると、この作品が書かれたのは一六七七年から八〇年にかけてである。自然学探究の目的と方法、対象などを多彩な観点から述べたものであり、前段では自然認識の方法論、後段では目的論と機械論との調和、自然学と宗教との調和という企図が示されている。そのような点で、これは「形而上学叙説」につながる意味をもつ。原著はラテン文であり、目下のところは未刊行という。エンゲルハルトのはじめてのドイツ語訳から訳出した。主題「自然学についての書への諸構想」の第二部「入門の構想 Entwurf der Einleitung」が標題であるが、ライプニッツ自身のつけたものかどうかはわからず、「学問的精神について」としたほうが文意が出るように思われるので、この標題とした。

（2）金属を金に変える力があるとされた液体で、当時の錬金術者がもとめていたもの。

（3）一五八八～一六四八。フランスの神学者、哲学者、数学者。フランチェスコ会の僧。いくつもの著書をあらわしたほか、デカルト、パスカル、ガッサンディ、ホッブズ、ホイヘンスなど当時の有力な学者と交わり、これらの人々の考えを他の人に公平に伝達することにも功績があった。

（4）地球中心の天文説。プトレマイオスはアレクサンドリアの天文学者、数学者。

（5）原文ではBとなっているが、前後の関連からLと読みかえる。しかし、この箇所の文意はよくわからない。ドイツ語訳自体に欠語があるかと思われる。

（6）**aus ihr** となっているが、意味の上からこの **ihr** を **ihnen** にとって訳す。

（7）「形而上学叙説」21、22参照。

事物の根本的起原①

世界すなわち有限な事物の集合のほかに、一つの支配者がある。この支配者は、ちょうど心が私の中を支配している、あるいはむしろ私自身が私の体を支配しているようなぐあいに支配しているだけでなく、はるかに高度な仕方で支配者となっている。すなわち、宇宙を支配する一者は世界を支配するだけでなく、世界を製造する、あるいは造りあげる。そして世界よりもすぐれていて、いわば世界を超えている。だからそれは、事物の究極的理由である。

というのも、現に実在するものの十分な理由は個々のもののうちにも、ものの全集合のうちにも、事物の系列のうちにも見いだされえない。幾何学の原理の書物が永遠なものであって、その一部分は他から書きとられているものと想定してみよう。そのさい、たとえ現在の書物の（実在している）理由を、元になっている本から説明することができるとしても、何冊書物をさかのぼってみても、十分な理由にいたりえないことは明らかである。そのわけは、こういう書物がなぜずっと以前から実在しているか、いったいなぜ書物が実在しているか、またこういうふうに書いてあるのはなぜか、という疑問がいつも残るからである。

書物について真実であったこのことが、世界のさまざまな状態についても言える。なぜなら、次の状態が先だつ状態からなんらかの仕方で〔たとえある変化法則によってであろうとも〕表わされるからである。こうしてみれば、先だつ状態へどのようにさかのぼってみても、世界がなぜ(実在しないよりも)むしろ実在するか、またなぜこのようになっているかという、十分な理由を諸状態のうちに見いだすことはないであろう。

だからあなたは、世界が永遠であると仮定してみても、諸状態の継続しか考えない場合には、どの状態のうちにも、十分な理由を見いだすことはないであろう。いやどんな状態をとりだしても、その理由に達することはないであろう。そこで理由は、それとは別のところに問われなければならないことになる。

すなわち、永遠なものには原因はないにしても、理由は理解されねばならない。その理由とは、変わらないものにおいては必然性または本質自体である。ところが、変化するものの系列においては、この系列が永遠なものだとはじめから仮定するなら、やがて明らかにされるように、傾向の優位ということ自体が生じてくる。その場合、理由は〔反対が(矛盾を)ふくむような絶対的な、形而上学的な必然性によって〕強制することなく、(一定の)傾向をもつだけのことになる。

こういうことから、世界の永遠性を仮定すると、事物の超世界的な究極理由、つまり神を認めざるをえなくなる。

そこで世界の理由は、世界を超えたあるもののうちにひそんでいる、すなわち諸状態の連鎖や事物の集まりからできている世界の系列とは異なった、あるもののうちにひそんでいる。こうして世界の事物のうち、後のものを先のもので決定する自然学的ないし仮定的な必然性から、絶対的ないし形而上学的に必然的なあるもの、その理由を示すことはもはやできないようなあるものにいたらなければならない。というのは、現在の世界が必然的であるといっても、それは自然学的あるいは仮定的にであって、絶対的あるいは形而上学的にではないのである。

すなわち、いったんこうだと仮定すると、その帰結として、これこれということが生じてくる。したがって、究極の源泉は、形而上学的な必然性をもつ何ものかのうちにあるにちがいないし、実在しているものの理由は、実在しているものからくるだけであるから、形而上学的な必然性をもつ一つの存在、またはその本質が同時に実在であるようなものがあるにちがいない。われわれは、こうして、「ものの多様」つまり世界とは異なる何かがあるにちがいない。したがって世界が形而上学的な必然性をもたないことを、認めかつ示したのである。

けれども、永遠な、すなわち本質的な、あるいは形而上学的な真理から、どのようにして時間的な偶然的な、あるいは自然学的な真理が生ずるかということを、もうすこしはっきり説明するために、まず次の点を認めなければならない。無でなしにむしろ何かが実在するということからみて、可能的なものあるいは可能性、または本質そのもののうちに、何か実在への要求、〔いわば〕実在への抱負がある、言いかえれば、本質はそれ自身で実在へ向かうものである。そうすると、ここから次の帰結が出てくる。可能的なものあるいは本質的なもの、または「可能的な実在性を表現しているもの」は、本質ないし実在性の量に応じて、またはそれのふくむ完全性の度合に応じて、同じ権利で実在②へ向かう。というのも、完全性とは本質の量にほかならないからである。

ここから、次の点が非常にはっきり理解される。可能的なものの無限の結合、および可能的系列のうち、もっとも多くの本質ないし可能性が実在にもたらされるような、結合や系列が実在する。つまり、事物のうちにはいつも決定の理由があり、それは最大ないし最小ということからもとめられるはずである。それはいわば最小の費用で、最大の効果が得られるようなぐあいにである。そしてここでは、時間、空間、一言で言えば世界の受容力あるいは包含力が、費用とか地面だと考えられうるなら、その地面にできるだけ都合よく建築がなされ、しかも形の多様さが建物の便利さとか、部屋の数や優美さなどに応ずるというわけである。またこれは一種の遊戯にもたとえられる。ある法則に従って、テーブルのあらゆる場所がみたされることになっている遊戯だとして、ある技巧を用いなければ、不都合な場所で最後にはゆきづまって、できるはずだった、あるいはするつもりだったよりも、多くのすきまを残すほかはなくなる。しかしもっとも多くの充塡《じゅうてん》が非常に容易に得られるたしかな理由というものは、存在する。

だから、もし三角形をつくれという命令があると仮定するなら、ほかの付属的な決定理由がない場合は、等辺三角形をつくるのが（自然な）帰結である。また、点から点にいたる線をひくと仮定すると、ほかの道が定まっていない場合、その道はもっとも容易なあるいはもっとも短い道（直線）がえらばれる。

こうして、存在は非存在よりもすぐれていること、あるいは無でなしにむしろ何かが実在する理由というものがあること、また可能から現実へ移らねばならないこと、こういったことをいったん仮定すると、そこから、ほかに何もきめられていないかぎりこういう帰結が生ずる。時間、空間〔すなわち実在の可能性の秩序〕の包含力に応じて、できるかぎり多くのものが実在しうる。それはちょうど、定められた場所の中へ、できるかぎりたくさん並べられるように、瓦を集めるようなものである。

そこから、次のことがふしぎなくらいよく理解される。それは、どのようにして事物の根源そのもののうちに、ある種の神的数学ないし形而上学的力学が行なわれているか、また最大量の決定が成立しているかということである。幾何学にあっては、すべての角のうちで決定されているのは直角である。また、異質な液の中に入れられた液体は、最大容量の形すなわち球形をかたちづくる。

とくにふつうの力学自体においては、重さのある多くの物体がたがいに衝突する場合、まさに全体として最大の落下が起こるような運動が生じてくる。というのも、可能的なものがすべて、実在性の度合に応じて同等の権利で実在へむかうように、重さをもつものはすべて、重力の度に応じて落下にむかう。後者の場合、重さをもつものの、できるかぎり大きい落下のふくまれる運動が生ずる。そのように前者の場合には、可能的なものの生産ができるかぎり大きくなるような世界が生ずるのである。

こうしてわれわれは、形而上学的必然から自然学的必然を得ることになる。すなわち世界は、その反対が矛盾、論理的不条理をふくむというように、形而上学的に必然ではないけれども、その反対が不完全性、道徳的不条理をふくむというように、自然学的に必然であり、そのように決定されている。そして可能性 possibilitas が本質の原理であるように、完全性もしくは「本質の度」〔それによって、なるべく多くの共可能なもの compossibilia が存在する（結果になる）〕は実在の原理である。[3]

ここからすぐに、次の点が明らかになる。世界の創造者は、すべてのことを決定的に行なうけれども、自由である、なぜなら彼は知恵ないし完全性の原理によってはたらくから。すなわち無関心は無知から生ずる。そして人は賢明になればなるほど、もっとも完全なものへ向かうように決定される。

しかし、〔あなたは言うであろう〕「このような決定の形而上学的機構を重さのある物体の自然学的機構と比較することは、りっぱにみえるにしても、次の点では欠陥がある。重さがあって下方に向かうものはほんとうに実在するけれども、実在の前あるいは上にある可能性もしくは本質は、想像上のものないし仮想上のものである。だから、それらのうちに理由をたずねることはできない」と。これにたいし、私は答える。

「こういう本質も、本質に関するいわゆる永遠真理も、仮想上のものではなく、いわば観念の領域のうちにある、つまりあらゆる本質と、他のものの実在の根源たる神自身の中にある」

私が無根拠に言ったと考えられないことは、事物の実際の系列の実在が示している。なんとなれば、さきに示したように、理由はこの系列のうちには見いだされないで、形而上学的な必然性もしくは永遠な必然性のうちにもとめられるはずのものであるが、さきに注意したとおり、実在するものは実在するものからのみ生じうるのだから、永遠真理は絶対的ないし形而上学的に必然的なある主体、すなわち神のうちにその実在を有するはずとなる。ほかのやり方では想像上のものとなるであろうものが、〔未熟な言い方ではあるが、明瞭に言えば〕この神によって実在化されるのである。

また実際のところ、われわれは世界において、あらゆるものが永遠真理の幾何学的法則だけでなく形而上学的法則によっても行なわれ、質料的必然だけでなく形相的理由によっても行なわれていることを見いだす。このことは一般的に、われわれが説明したこと、すなわち世界はなぜ実在しないよりもむしろ実在するか、なぜあのように実在しないでこのように実在するかという理由〔とりわけそれは、実在に向かう可能性の傾向からたずねられるべきものである〕についてあてはまるだけでなく、特殊の場合に下りていってみても、次の点がわかる。自然全体において、原因、力、作用などの形而上学的法則が驚くべき仕方で成立していて、それが純粋に幾何学的な物体法則よりもすぐれている。

というのも、運動法則を説く場合に、私は非常な感動をもってそれを知ったので、以前に私がもっと唯物論的であった若いころ弁護していた傾向力の幾何学的合成の法則を、ついには放棄しないわけにはゆかなかったのである。それについて、私はほかのところでもっとくわしく説明した④。

そこでわれわれは、本質と実在の実在性の究極的理由を一者のうちにもつことになる。この一者はまちがいなく世界自身よりも大きく、すぐれたものであり、先だつものである。なぜかといえば、この一者によって、世界がふくんでいる実在者だけでなく、可能的なものが実在性をもつからである。ところでその一者は、それらすべてのもの相互の結びつきからいって、一つの源泉のうちにしかもとめられえない。世界のほかの状態よりもむしろある状態が、この源泉から生じたのはなぜか、また同じ源泉から今日の状態よりもむしろ昨日の状態が生じたのはなぜかということは明らかでないにしても、実在者がこの源泉から連続的に生ずるもの、生産されるもの、生産されたものであることは、はっきりしている。

さらにまた、次の点もはっきり認められる。神は自然学的にばかりでなく、自由にもはたらく。そして神のうちには、事物の動力因のみならず目的因もある。また、すでに造りあげられた宇宙の機構の中の大きさと力とに関しても、これら造られるべきものの中の慈悲と知恵とに関しても、理由が認められるのである。

さてここで、道徳的な完全性つまり慈悲と、形而上学的な完全性つまり大きさとが混同され、後者に同意して前者を否認するということにならないように、次の点が理解されねばならない。さきにいったことから生じてくるのであるが、世界は自然学的に、あるいはお好みならば形而上学的にもっとも完全であり、できるかぎり多くの実在性が実現されるような事物の系列が生ずるだけでなく、世界は道徳的にもっとも完全である。なぜならほんとうのところ、道徳的完全性は精神自身の本性にかなっているからである。そこから、世界は最大限の感嘆に値する機構であるだけでなく、精神から成りたつかぎり最善の国であり、この国から精神にたいして、できるかぎりの至福や喜びがもたらされる。そして精神の自然学的な完全性はそういう至福や喜びにある。

しかしあなたは言うだろう。

「われわれは世界のうちで、反対のことを経験する。すなわちもっとも善良な人が非常にしばしばもっとも悲惨な目にあっている。罪のない動物ばかりか、罪のない人間までも残酷な仕方で害をうけたり、殺されたりしている。結局世界は、とくに人類の支配という点から見ると、ある最高の知恵によって秩序づけられたものというよりも、むしろある錯雑した混沌《こんとん》であるように見える」

一見したところそう見えることは、私も承認する。しかしもっと深く考えてみると、反対のことが成立するはずである。それは、さきに述べたことからア・プリオリに明らかになるのであるが、あらゆるものの完全性、したがって精神の完全性も、できるだけ多く獲得されうるのである。

じっさい、法律家に従って言えば、法律全体を見ないで判断することは不法である。われわれが知っているのは、無限にひろがっている永遠のうちごくわずかな部分である。歴史がわれわれに伝えている数千年間の記憶も、なんとわずかなものだろう。

ところがわれわれは、そのように小さな経験から、大胆にも無際限なものや永遠なものについて判断する。それはちょうど牢獄の中で、またお好みならサルマティアの地下の塩坑⑤で生まれ育った人が、世界には自分の足もとを照らすにたりるだけのかすかな光だけしかないと思うようなものである。

非常に美しい絵を見るときでも、その絵全体を蔽《おお》ってしまい、ごくわずかな部分だけ出しておくとする。その場合、どんなに完全にその絵に眺めいっても、いや近くへ寄って見れば見るほど、選択も技術もなしに塗られた色の混雑した塊しか見えないだろう。ところが、もしあなたがその蔽いをとり除き、絵全体を適当な位置から眺めると、これまで不注意にカンバスに塗られていると思われたものが、ほんとうは作品を描いた人のきわめてすぐれた技術で描かれたものだということがわかる。目が絵のうちに把握《はあく》するものを、耳は音楽のうちに把握する。すぐれた作曲家は、非常にしばしば協和音に不協和音をまぜ、聞き手が刺激され、いわば興奮させられるようにする。聞き手は、これから起ころうとしていることに不安を感ずるので、やがてすべてがもとの秩序にもどると、喜びもそれだけ大きいものになる。それはちょうど、われわれが小さな危険や災害に面した場合、力や幸福を感じたり、その危険や災害を人に見せたりして喜びを感ずるようなものである。

あるいはまた、綱渡りの見せ物や剣の間の踊りを見ているとき、われわれがはらはらしながら喜ぶようなものである。またわれわれ自身も、子どもを冗談に投げだすように、なかば手をはなして喜ぶことがある。デンマークの王クリスチェルン⑥がまだ幼くて、うぶ着にくるまっているころ、一匹の猿がふざけて彼を屋根のてっぺんに運び、それからゆりかごへ安全につれもどして、皆をほっとさせた。同様の原理からいって、われわれが甘いもの以外は食べないでいると、味がまずくなってくる。味覚を刺激するためには、辛いもの、すっぱいものや、にがいものすらまぜなければいけない。にがいものを味わったことのない人には、甘いものの味はわからない。ましてその甘さを鑑賞することはできないであろう。快楽は均一の道をとらないというのが、享楽の法則である。どうしてかというと、その均一ということが嫌悪の心を生じて、私たちをにぶくさせるため、心を喜ばせることにはならないからである。

しかし、部分はかき乱されても全体の調和が破壊されることはないと述べたことに関して、次のように理解してはならない。「部分についてはなんの考慮もいらない。人類がみじめなことになっていても、世界が全体として完全であれば十分である。宇宙においては正義にたいする顧慮も、われわれにたいする顧慮もいらない」と。これは、ものごとの全体についての判断が正しくない人たちの意見である。というのも、こういうことを知らねばならない。もっともよく構成された国家にあっては、個人の善にたいしてもできるかぎり考慮がはらわれているように、宇宙でも普遍的調和が維持される一方、個人に考慮がはらわれるというのでなければ、十分に完全とはならないであろう。

そのことをはかる基準としては、正義の法則以上のものはない。各人は自分自身の力に応じ、またその意志が共通の善を顧慮する度合に応じて、宇宙の完全性や自分自身の幸福にあずかることになる。これが正義の法則の命ずるところである。われわれが神の慈悲や愛と呼んでいるものは、いま言った共通の善によって完成される。賢明な神学者たちの意見によれば、そういう神の慈愛のうちにのみ、キリスト教の勢力と威力とがある。

宇宙において精神にこれほど大きな位置が与えられているのは、ふしぎに思われるはずがない。なぜなら、精神は最高の創造者にもっともよく似た姿をしており、創造者にたいして、〔ほかのもののように〕機械がその建造者にたいする関係だけでなく、国民が君主にたいする関係にあるのだから。精神は宇宙そのものと同様に長く存続し、自身のうちに全宇宙を表出し集約する。そこで精神は、「全体となっている部分」だと言いうるであろう。

けれども、とくに善良な人間の災難について言えば、それが災難をうける善人のいっそう大きな善に終わるだろうことは、たしかに言える。そしてこのことは、神学的に真実であるだけでなく、自然学的にも真である。それはちょうど、地中に投げこまれた種が実るまでに難儀するようなものであろう。一般に、こう言うことができる。災難はしばらくのあいだは悪いが、結果においては善に終わる、なぜなら災難はいっそう大きな完全性に到達するための近道だから、と。それで自然学においても、ゆっくり醗酵する液体は純粋になるのに長時間かかるのにたいし、比較的強い攪乱《こうらん》をうける液体は諸部分をいっそう大きな力で外へ投げとばし、比較的早く純粋化する。そしてこれは、いっそうよく前方へ跳ぶために後もどりすることに相当する。

だからここに述べたことは、感じのいいものや慰《なぐさ》めになるものであるだけでなく、非常に正しいものであると見なされねばならない。そして私は一般にこう考えている。幸福より真実なものは何もなく、真実よりも幸福でまたこころよいものは何もないと。

また、神の業の普遍的な美しさと完全さに加えて、宇宙全体の一種の永遠な、きわめて自由な進展が認められねばならない。というのも、宇宙は常にいっそう大きな開化に向かっているのである。そこでいまでもわれわれの地球の大部分は開化をとげてきたし、これからもますますとげることであろう。地球のある部分がまたしても未開状態になり、ふたたび破壊や低下をこうむることがあるというのはほんとうであるが、この点はさきに災難を説明したように理解すべきである。つまり、そうした破壊や低下はいっそう大きななんらかの目的に通じており、われわれはその損失によってなんらかの利益を得るのである。

もしそうだとすれば、世界はずっと以前から天国になっているはずだ、という抗議がありうる。しかし、その答はこうである。多くの実体はすでに大きな完全性に達しているけれども、連続体の分割が無限に進行するために、事物の深部には眠っている部分があって、呼び起こされるてはずになっている。それはいっそう大きなものやいっそうよいもの、一口に言えばいっそうよい文化へすすんでゆくことになっている。だから、その進展が終わりに達することはけっしてない。

（1）この作品（一六九七年十一月二十三日）はもともと学術雑誌に発表する目的で書かれたものらしいが、生前は未発表にとどまり、一八四〇年になってはじめてエルトマン版『ライプニッツ全集』に収録された。現実がなぜこうなってああならなかったかという理由を原理的に解明し（理由律）、後半では現実最善観の構想を述べている。その意味でこの作品は、彼の思想の理解にとって欠くことのできないものである。

（2）essentia となっているが、エルトマンの版に従って existentia と読みかえる。

（3）現実世界の成立根拠。「形而上学叙説」1、13、「モナドロジー」五三、五四節参照。

（4）七三ページ注（1）参照。

（5）サルマティアは古代ローマ時代に、黒海の北部、ゲルマニアの東部にあった国で、カルパチア山脈近辺に塩坑があったらしい。

（6）デンマーク王クリスティアン五世（一六四六～九九）をさすと思われる。

必然性と偶然性
——コストへの手紙①

ロック氏の最近の増補と修正をお送りくださって、たいへん感謝します。またロック氏とリンボルフ氏②との最近の論争についての御意見を知らせてくださったことも、非常にありがたいことです。この論争の焦点となっている「中立性にもとづく自由③」について、あなたは私の考えを聞きたがっているのですが、これは一種の煩瑣な議論でして、これを理解しようとこころがける人はあまり多くありませんが、これについては大勢の人が論じています。要するに、問題は必然性と偶然性の考察に帰着します。

真理は、反対が矛盾をふくむ場合には必然的であり、必然的でない場合には偶然的と言います。神が存在するとか、あらゆる直角が相互に等しいというようなことは、必然的な真理です。これに反して、私自身が実在するとか、自然のうちには事実上直角を表わす物体があるというのは、偶然的真理です。というのは、全宇宙は実際とはちがったようにありえたからです。つまり時間、空間、物質などは運動や形にたいしてまったく中立的であり、神が無限の可能的世界のうちでもっともふさわしいと見なしたものをえらんだからです。

けれども、神がいったんえらんだ以上、次の点を承認しなければなりません。それは、あらゆることが神の選択の中にふくまれていること、神の選択にはなんの変更もありえないことです。なぜなら、神はあらゆることを予見した上で、一挙にととのえたからです。神がものごとを少しずつとりとめなくととのえるなどということはありえません。この結果、罪や悪がいわば神の選択のうちにふくまれることになりましたが、それは、罪や悪を認めることが善をいっそう大きくするために適当だと見なしたからなのです。

こういう必然性は私たちが未来のことがらに与えてもかまわないものですが、これは仮定的必然ないし結果の必然性〔すなわち選択がなされたという仮定から生ずるもの〕です。これは、事物の偶然性を破壊するものではなく、絶対的必然性をもたらすものでもありません。それ（絶対的必然性）は偶然性からみて許せないものです。神学者やほとんどすべての哲学者〔ほとんどと言ったのは、ソッツィーニ派[4]を除く必要があるからです〕は、いま言った仮定的必然性を認めています。これに異論をとなえると、かならず神の特性や事物の本性までもくつがえすことになるのです。

なるほど宇宙のあらゆるできごとは、神との関係では必然的です。つまり、〔同じことになりますが」それ自体できまっているだけでなく、たがいに結びつけられています。けれども、だからといって、そこから、この結びつきがいつも真の必然性を有している、つまり「一つのできごとが他のできごとから生じてくることを表明する真理が必然的である」と言うことはできません。このことはとくに、自由意志にもとづく行為に適用されねばなりません。

私たちがある選択をしようとする場合、たとえば外出しようかしまいかと考える場合、こういう疑問が起こってきます。外的状況や内的状況、動機、表象、気分、印象、感情、傾向をすべて考えあわせても、なお私は偶然性の状態にあるか、それともまた、たとえば外出するというような選択をするようにしいられているか。すなわち、この真実な、実際にきまった命題、つまりすべての事情を考えあわせたとき私は外出をえらぶだろうという命題は、偶然的命題か、それとも必然的命題か。これにたいして、私はその決心は偶然的であると答えます。なぜかといえば、神も、私より博識な他人も、この真理の反対が矛盾をふくむことを証明しえないからです。そして仮に私たちが、〔さきに説明したように〕中立性にもとづく自由とは必然性に反する自由であると考えれば、私はこの意味の自由に賛成します。なぜなら、ほんとうのところ私はこう考えるからです。私たちの自由も神の自由も、非常に幸福な精神の自由も、決定性とか確実性をまぬかれないにしても、強制も絶対的必然性もまぬかれているのだと。

けれども、ここで常識に反した妄想におちいらないためには、非常な注意が必要だと思われます。その妄想とは、私が絶対的中立性または均衡の中立性と呼んでいるものであって、これを自由と同一視する人も若干ありますが、この見方が妄想だと私は考えます。つまり、私たちは次の点を考えなければなりません。さきに言った「ものごとの結びつき」は、なるほど絶対的に言って必然的なものではないが、それにもかかわらずたしかに真実であります。

そして一般に、あらゆる事情を総括してみれば、考慮の均衡が一方よりも他方へかたむいている場合、（たとえばさきに言った外出という）決心が優位をしめることは確実であり誤りのないところです。神とか完全な賢者というものは、いつも最善を知って選択するものです。そして仮に二つの決心のあいだにまったく差がつかないというような場合があるとすれば、彼らはそのどちらをも選択しないでしょう。知性をもつ他の実体においては、しばしば感情が理性のかわりとなっています。そして私たちはいつも、意志一般に関して、選択は最大の傾向に従うと言うことができます。ただし、ここで傾向というとき、私は感情だけでなく、真の理由または理由らしきものをもふくめて考えます。

けれども、次のように考える人があると思われます。「私たちはときおり重さの少ないほうへ決心するし、神が全体としてもっとも少ない善を選ぶことがしばしばある。そして人間はいわれなしに、また理由、傾向、感情にまったくさからって選択することがときどきある。結局私たちは、選択を規定しているなんらかの理由がないのに、選択するということがときおりあるのだ」

と。私が誤謬かつ背理と見なすのは、まさしくこういう考え方なのです。なぜかといえば、なにごとも理由すなわち決定理由なしには起こらないというのが、常識の大原理の一つだからです。だから、神が選択をおこなう場合、それは最善の理由に従うわけですし、人間が選択する場合には、自分にもっとも強い印象を与えたほうに決心することになります。したがって人間が、ほかの理由から、利益も心地よさも少ないと思われることを選択する場合でも、それはそうすることが、気まぐれ、反抗心、下等な趣味に似た理由などから、その人にとってもっともこころよいことになっている場合なのです。しかしそれにもかかわらず、これらはたとえ決定的な理由ではないにしても、やはり決定の理由なのです。この反対の例を、私たちはけっして見いだしえないのです。

だから私たちは、仮に中立性の自由を所有していて、それが必然性を救うものであるとしても、均衡の中立性が与えられていて、それによって決定の理由をまぬかれうるなどということはけっしてありません。私たちを刺激して選択にまで決定するものが、いつも存在するのです。しかしそれは、私たちに強制することはありません。

そして神が必然的にある方向へかたむく〔道徳的必然性とはちがう仕方でかたむく〕ことはないにしても、まちがいなく最善にかたむくように、私たちはいつもまちがいなく、自己にもっとも強い印象を及ぼすほうへかたむき、しかもそのことは必然的にではありません。そして反対が矛盾をふくまないのですから、神の知恵や善意が何かを創造するようにかたむいたにしても、そういう創造も、とくにこの世の創造も、必然的ではなかったし、本質的でもなかったのです。ベール氏[5]は鋭敏な心の持ち主であったにもかかわらず、ビュリダンの驢馬《ろば》[6]と同様な場合が可能であって、人間は完全に等しい均衡の諸事情におかれても選択をなしうるものであると考えました。その場合、氏はこのこと（さきに述べたこと）を十分には考慮しなかったことになります。なぜなら、完全な均衡の場合というのは妄想であって、そういうものはけっして生ずることがなく、宇宙がまったく等しい相似た二部分に分けられたり、切りとられたりすることはありえないと言うべきだからです。宇宙は、中心点からひかれた直線によって二つの合同部分に切りとられうるような楕円とか卵円といったようなものとはちがいます。

宇宙には中心点がなく、宇宙の諸部分は無限の多様性をもっています。だから、あらゆるものが二つの側で完全に等しいとか、等しい印象を私たちにもたらすといった場合は、けっして生じません。また、たとえ私たちの意志決定に関与する微小な表象をことごとく察知することが、私たちにとってはかならずしも可能ではないにしても、二つの矛盾した場合のうちで私たちを決定するような何かが、いつも存在します。そういう場合にも、二つの側が完全に等しいということはないのです。

しかし、内的、外的な事情をすべて総括して、与えられた材料から私たちのおこなう選択がいつも決定されているとしても、また現在のところ、意志を変えることが私たちの力に依存しないとしても、確実な対象に注意をむけ、確実な考え方に慣れるなら、私たちが未来の意欲にたいして大きな力をもつことはたしかなのです。こういう方法で、私たちは（感覚的）印象にいっそうよく抵抗して、理性をいっそううまくはたらかせるのに慣れることができます。結局、もっともそうあるべきことを心が欲するようにしむけることができるのです。

私はほかのところで、次のことを主張しました。事物を形而上学的意味にとるなら、私たちはいつもある種の完全な自発性の状態にあり、私たちが外物の印象のせいだとしているものは、私たちのうちにある錯雑した表象に由来するものにほかなりません。この表象は外界に対応するものであり、各実体と他のあらゆる実体との関係の基礎である予定調和にもとづいて、はじめから私たちに与えられているにちがいないのです。

もし仮に貴国のセヴェヌびと(7)が予言者であることが正しいとすれば、この事態は予定調和に関する私の仮定に反するどころか、きわめてよく合致するとさえ言えるでしょう。私はこれまでいつも言ってきたのですが、現在は未来をはらみ、事物はたがいにどれほど遠ざかっていても、そのあいだには完全な結びつきがあるから、十分に先見の明のある人は一方のうちに他方を読みとることができます。

次のように主張する人があっても、私はけっしてそれに反対しません。その主張とは、宇宙に天体があって、そこでは予言ということが、私たちの地球上での予言よりももっとあたりまえのことになっている、またひょっとすると一つの世界があって、そこでは犬の鼻がよくきくため、千里も遠くにある獲物を嗅ぎつけることができるとか、またひょっとするとある天体では、理性的動物の行為に干渉するようなことが、天才たちにとっては、この地球上よりも広範囲に許されるといったようなものです。

けれども、問題の中心は、ここで事実上起こっていることの論議であるということになりますと、私たちの憶測的な判断は、地球上の習慣にもとづかねばならないことになります。私たちの地球上では、こういう種類の予言的な先見というものはごくまれにしかありません。そういう先見は存在しないと誓うことはできませんが、私の考えによりますと、いま問題になっている先見が存在しないという点について、賭けをすることができます。

この先見の存在に有利なように、私をもっとも動かしうる根拠があるとすれば、その一つはおそらくファチオ氏[8]の判断です。けれどもその場合、私たちは氏が新聞から何もとりださずに判断することがらを、厳密に知らねばなりますまい。二〇〇〇ポンドの収入のある貴族がいて、彼は英語しかわからないのに、ギリシア語、ラテン語およびフランス語で予言をおこなうとします。あなた自身十分注意して彼と交際するというのであれば、それにはべつに反対しません。だから私は、このようなめずらしいまたたいせつな問題について、いっそうくわしい説明を私に与えてくださるよう願っています。

（1）ピエール・コスト（一六六八〜一七四七）はフランス人。イギリスに渡り、ロックの『人間悟性論』、ニュートンの『光学』などのフランス語訳をした。ライプニッツは、コスト訳の『人間悟性論』を読んで大いに感銘をうけ、この著作にたいする批評を対話形式でもりこんだ大作『人間悟性新論』を書いたが、ロックの死（一七〇四年）を聞いて刊行をとりやめた。コストにあてて書いたいくつもの手紙のうち、ここに訳出したのは、一七〇七年十二月十九日の日付になっている。必然性と偶然性（絶対的必然性と仮定的必然性）の区別によせて人間の自由を論じたものであり、とくに「形而上学叙説」13の補いをなすものと考えられる。

（2）フィリップ・ファン・リンボルフ（一六三三〜一七一二）。オランダのプロテスタント神学者。アルミニウス派の牧師、アムステルダム大学の教授。

（3）どちらへもまったくかたむくことのない自由。

（4）イタリアの人レーリオ・ソッツィーニ（一五二五〜六二）およびその甥ファウスト（一五三九〜一六〇四）が始めたプロテスタントの一派。予定、贖罪、原罪、三位一体などを否認したため、迫害されたが、ポーランドで勢力があった。

（5）「モナドロジー」一六節参照。

（6）驢馬には自由意志がないから、自分から等距離におかれた食物と飲物にたいして、そのいずれも選ぶことができず、飢えと渇きのために死ぬであろう——と十四世紀のスコラ学者ビュリダンが説いたと言われる。『弁神論』第二部第四九節に出ている。スピノザも『エティカ』第二部定理四九でこの驢馬の話を述べている。

（7）原語は Sevennois だが、たぶん Cévennes のことであろう（コストよりライプニッツにあてた手紙には、「フランス王に抗して武装した Cévennois」とある）。十八世紀初頭、ルイ十四世の宗教政策に反抗し、フランス南部セヴェヌ地方で乱を起こしたカルヴァン派のことである。

（8）ファチオ・ドゥ・ディエ（一六六四〜一七五三）をさす。彼はスイス生まれの幾何学者、天文学者、ロンドン王立協会会員。セヴェヌの反乱を支持してロンドンに亡命。魔術や予言に熱中した。

モナドについて
――ワグナーへの手紙[1]

魂の本性に関する御質問にたいして、喜んでお答えします。というのも、今度御提出の疑問からもわかることですが、私の考えはまだ十分にはあなたに理解されておらず、しかもそのことはある種の先入見から生じています。私は『ライプツィヒ学報』[2]にのせた一つの論文で、物体の能動的力に関する問題をあつかい、シュトゥルム氏[3]に反対したのですが、あなたの先入見はこの論文から出てきたものです。

あなたの言うところによれば、私（ライプニッツ）はこの論文で、物質にたいして能動的力を十分認めたから、私が物質に抵抗を認めるかぎり、その物質に反作用を、したがって一つの能動性をも認めたことになる。そこで能動的原理が物質のいたるところに存在することになれば、動物の機能にとってはこの原理（だけ）で十分であり、動物が不滅の魂を必要とすることはないように思われる（これがあなたの主張です）。

これにたいして答えます。第一に、私の場合、能動的原理はたんなる質料すなわち第一質料にたいして認められるものではありません。第一質料はまったく受動的なものであって、たんなる抵抗と延長とから成っています。ところが能動的原理は、物体すなわち衣をまとった質料つまり第二質料に与えられるのです。これは第一質料（の抵抗と延長）のほかに、原始的なエンテレケイア[4]すなわち能動的原理をふくんでいます。

第二に、私はこう答えます。たんなる（第一）質料の抵抗は作用ではなく、たんなる受動性です。つまりたんなる質料は、抵抗もしくは不可入性を有しており、自分に侵入しようとするものにたいして抵抗するけれども、弾力がつけ加わらないと、その侵入物をはじきかえすことがありません。弾力はがんらい運動から、したがって物質に付加された能動的力から、派生するものにちがいありません。

第三に、こう答えます。この能動的原理、原始的エンテレケイアはほんとうのところ生命の原理であって、さきに私が述べた理由から表象する力を与えられており、不滅なものであります。私が動物における魂と見なすものはまさしくこれです。このように、私は物質のうちにいたるところ付加されている能動的原理を認めるから、物質をつらぬいていたるところに生命の原理すなわち表象の原理がひろがっていると考えます。これはモナドであり、いわば形而上学的アトムであって、部分をもたず、自然的には生じたり滅びたりすることのないものです。

次にあなたは、私のいう魂の定義をたずねています。これにたいして、魂は広義と狭義にとれるものと答えます。広義にとると、魂は「生命」あるいは「生命の原理」と同じものです。つまり、単一者すなわちモナドのうちに存在する内的作用の原理であって、これに外的作用が応じています。そこでほんとうのところ「内的なものと外的なものとの対応」もしくは「内的なものにおける外的なものの表現、単一者における複合体の表現、一における多の表現」が表象を構成しているわけであります。しかし、この意味では魂は動物のものであるだけでなく、他のあらゆる表象者のものであることになります。

次に狭義にとると、魂はもっと高尚な生命の一種、もしくは感覚的生命と考えられます。その場合魂は、たんなる表象能力ではなくて、そのほかに感覚の能力です。つまりそれは、表象に注意や記憶が加わっている場合です。他面から言うと、それはちょうど人間の精神がいっそう高尚な魂であるようなものです。人間の精神は理性的な魂であり、この場合には感覚にさらに理性すなわち「真理の普遍性からの成果」がつけ加わっています。だから、人間の精神が理性的な魂であるように、魂は感覚する生命であり、生命は表象の原理なのです。

ところで私は、表象がことごとく意識されるというわけではなく、意識にのぼらない表象さえも存在することを、実例と根拠によって示しました。たとえば、緑色の生ずる源である青色と黄色との二つを表象することがなければ、緑色を（十分に）知覚することはできません。強力な顕微鏡の適用なしには、青色と黄色とを識別することはないのです。

しかし忘れないでほしいと思いますが、私の考えによると、永続するものは、あらゆる生命、魂、人間の精神、原始的エンテレケイアだけではありません。すべての原始的エンテレケイアすなわち生命の原理に、いつも自然的な機械が結びついています。この機械は有機的物体という名で私たちに属しているものです。もっともその機械は全体としてその形を保っているから、テセウス王の船⑤のようにいつも流動状態にあるのですが。だから、私たちが生誕のさいうけとったごくわずかの部分でも、私たちの体にいま残っているとは確言できません。もっともこの機械は再度すっかり変形し、増大や減少をおこない、包まれたり伸ばされたりするものです。そこで、魂が永続するばかりでなく、なんらかの生命体も永久に存続します。もっとも、生命体のうちのある種のものには、永続するとは言えないものもあります。なぜなら、魂を与えられたものの一種には、同一性を保たないものがあるからです。それはちょうど、毛虫と蝶とには同一の魂があるのに、両者が同一の動物ではないのと同様です。

こうして、自然のあらゆる機械は、完全に破壊されることはけっしてないという特性をもっています。どうしてかというと、粗い蔽《おお》いを任意に破壊すると、そのあとにいつもまだ破壊されてない機械が残っているからです。それはちょうど、道化役のような喜劇役者がいろいろな衣装を身につけていて、たくさん脱いでもまだ新しい衣装があとに残っているようなものです。このことはそれほどふしぎには思われません。なぜなら、自然界はいたるところ有機的であり、もっとも賢明な創造者によって一定の目的にかなうように造られているし、私たちの粗い感覚にたいしてときおり示されるのは塊だけであるにしても、自然界には無秩序と思われることは何もないからです。

こうして私たちは、質料をまったくはなれた魂の本性というものから生じてくる困難をさけることになります。ただしそれには、生誕以前あるいは死後の魂や生命体が、現存の魂や生命体から区別されるのは、「事物の外面」や「完全性の度合」によってだけであり、存在そのものによってではないという条件がついています。同時に私は、天使というものが「非常に微妙な身体、しかも操作に適した身体を与えられた精神」であると考えます。この身体を天使はおそらく自由自在に変えることができるでしょう。だから彼らは、動物と呼ばれるにはふさわしくないのです。このように、自然界のすべては類比的であり、粗いものから繊細《せんさい》なものを理解することはたやすいのです。それは両者が同じ仕方で関係しあっているからです。

しかし、神は純粋な能動者ですから、神だけがほんとうに質料をいっさいまぬかれています。神には受動的力はまったくありません。この受動的力というのは、質料を構成しているものなのです。実際のところ、神に造られた実体はすべて不可入性をもち、この性質によって一方が他方の外にあるとか、侵入がさまたげられるといった事態が自然に生じてくるのです。

私の原理は非常に普遍的であって、動物にも人間にもひとしくあてはまるけれども、人間はなんといっても動物よりもいちじるしくすぐれていて、天使に近づいています。なぜなら人間は、理性を使用するために神と仲間になることができ、したがって神の支配のもとに褒賞《ほうしょう》と懲罰《ちょうばつ》とをうけることができるからです。だから人間は、動物のように生命や魂を保持するだけでなく、自己意識や「過去の状態の記憶」をもち、ひとことで言えば人格を保持しています。

したがって人間は身体的に不滅であるばかりでなく、道徳的にも不滅です。そこで狭義に言うと、不滅というのは人間の精神だけのものです。なぜなら、もし仮に人間が、この世にたいする賞罰があの世で与えられることを知らないとすれば、ほんとうのところどんな賞罰も存在しないことになるでしょうし、また道徳的見地から言って、私の死後に私よりももっと幸福な人、あるいはもっと不幸な人が出てくるといったようなことになるからです。

そこで私はこう考えます。天地開闢《かいびゃく》以来精子のうちに隠れていた魂は、それが妊娠によって人間生活にきまるまでは理性的でないと。しかし、いったん理性的に造られ、ものを意識することができ、神と交際することができるようになると、精神は、私見によれば、神の国の住民という性格をけっして捨て去りません。そしてこの国がもっともみごとな、またもっとも正しいやり方で支配されているところから、精神は、自然の国と恩寵の国との相応にもとづいて、自然法則自体により、固有のはたらきによって、賞罰にいっそうふさわしいものとなります。この意味で、私たちはたしかに、徳はその褒賞を、悪はその懲罰をふくむと言うことができます。

その理由はこうです。精神がきよめられてこの世を去るかいなかに応じて、精神の最後の自然的状態にたいし、ある種の筋道をとおして一つの自然的な壁がたてられます。そしてこの壁は、神によってあらかじめ自然界にもうけられたものであり、神の約束と威嚇《いかく》に、したがって恩寵と正義にふさわしいものです。おまけに、私たちが約束と威嚇とのいずれの仲間になるかに応じて、天使のよいはたらきによる調停がやってくるか、あるいは悪いはたらきによる調停がやってきます。このはたらきは、その本性が私たちの本性よりも高尚であるにしても、どこまでも自然にかなっているものです。私たちが実際見かけるように、深い眠りからさめた人とか卒中から回復した人が、以前の状態の記憶をとりもどすことはしばしばあるのです。

それと同じことが死についても言われるにちがいありません。なるほど死は私たちの表象をくもった錯雑なものにしうるけれども、表象を記憶から完全に遠ざけることはできません。この記憶をくりかえし用いるところに、褒賞や懲罰が成立するのです。だから救世主自身、死を眠りになぞらえました。しかし、神と交際することができず、正義をおこなうことのできない動物にたいしては、人格の保持も道徳的不死も与えられえないのです。

だから、この（私の）説から危険な帰結が出てきはしないかと怖れる必要はありません。というのは、啓示的真理に矛盾しないばかりか、この真理をなみなみならず支持する真の自然神学というものが、むしろもっともすばらしい仕方で私の原理から証明されるからです。

ところが、動物にたいして魂を認めず、質料の他の部分にたいして表象や有機性をいっさい認めない人たちは、神の尊厳に関する十分な知識をもつとは言えません。なぜかというと、この人たちは何か神にふさわしくないもの、無秩序なものを念頭に置いているからです。つまり彼らは、完全性や形相の空隙《くうげき》があると考えています。これは形而上学的空隙と称すべきものですが、それは物質の空隙あるいは物理的空虚と同様に、非難に値するものです。[6] これと反対に、動物にたいして真の魂や表象を認めながら、しかも動物の魂は自然的な仕方では死にうるものだと主張する人たちは、私たちの精神が自然的な仕方では不滅であることの証《あか》しとなる証明を、私たちから奪うものです。そしてこの人たちはソッツィーニ派のような教義におちいってしまいます。ソッツィーニ派に従うと、魂は本性上からいえば死滅するにきまっているが、奇跡または恩寵によってのみ保存されうるものだということになるのです。これでは自然神学の大部分に損害が与えられます。さらに言うと、この（ソッツィーニ派と）反対のことが証明されます。なぜなら、部分をもたない実体は自然的な仕方では破壊されえないからです。

（1）ルドルフ・クリスティアン・ワグナーは、二年間ほど（一六九七〜九九）ライプニッツの秘書をしていた人で、後年ライプニッツの推薦により、ヘルムシュテット大学の数学、物理学の教授に転じた。この手紙（一七一〇年六月四日付）は、モナドに関するワグナーの質問に答えたものであり、表象についての比較的くわしい説明と、体系全般にわたる説明からみて、「モナドロジー」の解明に資するところが大きい。

（2）ライプツィヒ大学教授オットー・メンケ（一六四四～一七〇七）が一六八二年に創刊した月刊学術雑誌。一七七六年までつづいた。ライプニッツはこの雑誌に、論文「自然そのものについて」（一六九八年）をのせ、シュトゥルムの自然観を批評した。

（3）ヨハン・クリストフ・シュトゥルム（一六三五～一七〇三）は、アルトドルフ大学教授。デカルト哲学を奉じていた。

（4）三九ページ注（31）参照。

（5）テセウス王は、ギリシア神話に出てくる、アテナイの王。この比喩は、第二質料としての身体において、内容物が一部ずつたえず出入りしていることをさすものであろう。「モナドロジー」七一節参照。

（6）ライプニッツの自然学では、不可弁別者同一の原理にもとづいて、真空の存在が否定されている。

年譜

一六四六年　正保三年

七月一日、ゴットフリート・ヴィルヘルム・ライプニッツ Gottfried Wilhelm Leibniz が、ドイツのライプツィヒに生まれる。父はライプツィヒ大学の法学・倫理学教授フリードリヒ、母はライプツィヒ大学法学教授の娘、カタリナ・シュムック。

一六四八年　慶安元年　二歳

ドイツを疲弊させた三十年戦争が終わり、ウェストファリア条約が結ばれる。

一六五二年　承応元年　六歳

長らく結石に悩んでいた父フリードリヒが死亡。第一次イギリス-オランダ戦争始まる。

一六五三年　承応二年　七歳

ライプツィヒのニコライ学校に入学。ヤン・デ・ウィットがオランダの州会議長になり、以後、オランダの黄金時代が二十年間続く。

一六五四年　承応三年　八歳

リウィウスのラテン文を読み、天才児の萌芽を示したライプニッツは、このころから、ギリシア・ラテンの諸作品、教父の著作に接してゆく。

一六六一年　寛文元年　十五歳

ライプツィヒ大学に入学。哲学と法学を学び、弁論学者ヤーコプ・トマジウス、神学者ヨハン・アダム・シェルツェルから学問上の示唆を受ける。

一六六三年　寛文三年　十七歳

一学期だけイエナ大学に学び、数学的方法を形而上学にまで及ぼそうとする数学者エアハルト・ヴァイゲルの講義から示唆を受ける。トマジウスのもとで、処女作「個体の原理について *Disputatio de principio individui*」を書き、バカラウレウスの学位を受ける。

一六六四年　寛文四年　十八歳

母カタリナが胸部の病で死亡。哲学マギステルの学位を受ける。

一六六六年　寛文六年　二十歳

生涯の努力につながる内容をもつ『結合法論 *Dissertatio de arte combinatoria*』を著わす。ドクトルの学位をライプツィヒ大学に申請したが、ライプニッツよりも年長の志願者に授けるために拒まれた。

一六六七年　寛文七年　二十一歳

ニュルンベルクのアルトドルフ大学へ行き、「法律における複雑な事件について」で、ドクトルの学位を受ける。ここで教授になることを勧められたが、辞退。錬金術師の結社ローゼンクロイツァーに入会し、重用される。結社の同志、マインツの前宰相ヨハン・クリスティアン・フォン・ボイネブルクの知遇を得、マインツ選挙侯ヨハン・フィリップ・フォン・シェーンボルンに「法律の学習と教授の新方法」を献じ、仕えることになる。

一六六八年　寛文八年　二十二歳

「無神論者に反対する自然の告白」を書く。

一六六九年　寛文九年　二十三歳
ボイネブルクとの接触から、宗教界、政界の具体的動きに即応する「新発見の論理による三位一体の弁護」「ポーランド王選挙のための政治的論証」を書く。
一六七一年　寛文十一年　二十五歳
「抽象的運動の理論」と「具体的運動の理論」を含む『自然学の新仮説 *Hypothesis physica nova*』を著わす。疲弊したドイツの学芸を復興・促進する目的で、アカデミー設立のプランを書く。
一六七二年　寛文十二年　二十六歳
ボイネブルクからいくつかの依頼を受けて、パリに派遣される。ルイ十四世の目をエジプトに向けるべく、「フランス王の布告すべきエジプト遠征についての正論」を書き、その要約「エジプト計画」を準備し、ルイ十四世に捧げる機会を待ったが、訪れなかった。十二月ボイネブルク没。
一六七三年　延宝元年　二十七歳
一月から、マインツ選挙侯の外交使節団に随行して、ロンドンに渡る。二月、選挙侯が没し、マインツの公職を解任される。「哲学者の告白」を書く。
一六七五年　延宝三年　二十九歳
ほぼこの年の秋、普遍的記号法の一環として、微積分学の基礎定理を確立、独自の記号 *dx* や∫を考案した。
一六七六年　延宝四年　三十歳
パリ永住の希望が破れたライプニッツは、ハンノーファー侯ヨハン・フリードリヒに仕えることになり、十月にパリを去る。ロンドンを経てアムステルダムに滞在、スピノザの知友シュラーのもとでスピノザ哲学の研究をする。ハーグで、スピノザと会い、『エティカ』の草稿を示された。十二月、ハンノーファーに到着。

一六七七年　延宝五年　三十一歳

スピノザ、肺結核で死す。友人たちの手によって、遺稿集が出版された。「対話―事物と言葉との結合」を著わす。

一六七九年　延宝七年　三十三歳

ライプニッツを厚遇したヨハン・フリードリヒ侯が急逝し、弟エルンスト・アウグストが継ぐ。九月、「位置解析」の着想をまとめ、ホイヘンスへの書簡の付録として送るが、その理解は得られなかった。

一六八〇年　延宝八年　三十四歳

プラトン研究が、いっそう深められてゆく。

一六八二年　天和二年　三十六歳

オットー・メンケの始めた学術雑誌『ライプツィヒ学報』に、「反射光学と屈折光学に関する唯一の原理」を寄せる。

一六八三年　天和三年　三十七歳

「もっともキリスト教的な軍神」を書き、ルイ十四世の侵略政策を痛烈に批判する。

一六八四年　貞享元年　三十八歳

「極大・極小に関する新方法」と「認識・真理・観念に関する考察」を『ライプツィヒ学報』に載せる。

一六八六年　貞享三年　四十歳

『形而上学叙説 *Discours de métaphysique*』を書いたあと、アントワーヌ・アルノーとのあいだに論争を始める。また、デカルト派との論争も始まる。積分学を論ずる「改新された幾何学と、不可分量および無限の解析」を発表。「神学体系 *Systema theologicum*」を書く。

一六八七年　貞享四年　四十一歳
秋、ヴェルフェン家史編纂のために、一六九〇年までにわたる旅行に出発。連続律に関する論文を、ピエール・ベール編集の『文芸国時報』に載せる。ニュートン、『プリンキピア・マテマティカ』を刊行。ここから、ライプニッツとニュートンとのあいだに、微積分法発見の優先権問題が起きた。

一六八八年　元禄元年　四十二歳
五月から翌年一月まで、ウィーンで過す。イギリスに名誉革命が起こる。

一六八九年　元禄二年　四十三歳
ウィーンからイタリアへ赴く。四月ローマに到着。秋ローマを発って、ふたたびウィーンに至る。イタリア旅行中に長篇の力学論文（未刊行）をまとめる。

一六九〇年　元禄三年　四十四歳
五月、見聞を豊かにし多くの知己を得た大旅行から、ハンノーファーに帰る。結局、失敗したカトリック・プロテスタント合同のために、フランスの司教ボシュエとの往復書簡が始まる（～一六九四年、のち一六九九～一七〇二年）。

一六九一年　元禄四年　四十五歳
このころ『プロトガイア』を著わす。

一六九三年　元禄六年　四十七歳
『国際公法彙典』をまとめる。

一六九四年　元禄七年　四十八歳
「第一哲学の改善と実体概念」を『ライプツィヒ学報』に発表。

一六九五年　元禄八年　四十九歳

パリの『学芸雑誌』に、「実体の本性と交通、ならびに精神物体間の結合に関する新説」を発表。シモン・フシェの非難に遭い、翌年、反駁を『学芸雑誌』に載せる。「予定調和」の語がはじめて用いられた。

一六九六年　元禄九年　五十歳

ピエール・ベールがアムステルダムで、『歴史的哲学的辞典』第二巻を刊行。ベールとライプニッツとのあいだに論争が始まる。九月、ファルデラへの手紙にはじめて、「モナド」のラテン語が現われる。

一六九七年　元禄十年　五十一歳

このころから、健康のすぐれないことがあり、とくに痛風に悩まされるようになる。ルター派とカルヴァン派との合同に努力し始めるが、十年間続いて失敗に終わる。『最近の中国事情』を刊行。十一月二十三日付の「事物の根本的起原 *De rerum originatione radicali*」と、「ドイツ語の修練と改善に関する私見」を書く。

一六九八年　元禄十一年　五十二歳

一月、エルンスト・アウグストが没し、長子ゲオルク・ルートヴィヒが侯位を継ぐ。

一七〇〇年　元禄十三年　五十四歳

プロイセン王妃ゾフィ・シャルロッテの助力もあって、ベルリンにアカデミーが創設され、初代の院長となる。『国際公法彙典索引』をまとめる。イスパニア継承戦争が始まる。

一七〇一年　元禄十四年　五十五歳

「イギリス王位継承に関するブラウンシュヴァイク家の権利について」を著わす。

一七〇二年　元禄十五年　五十六歳

「唯一の普遍的精神の学説に関する考察」を書き、汎神論とくにアヴェロエスの思想を批評する。ゾフィ・

シャルロッテとの会話がきっかけで、「感覚と物質を超えるものについて」をまとめる。

一七〇三年　元禄十六年　五十七歳

二進法に関する論文を『学士院紀要』に載せる。この着想は、中国の易の思想との接触から生じたものと思われる。

一七〇四年　宝永元年　五十八歳

ジョン・ロック『人間悟性論』のフランス語訳を読んで感嘆し、対話形式の大作『人間悟性新論 *Nouveaux essais sur l'entendement humain*』をまとめるが、ロックの死を知って刊行をとりやめた。

一七〇五年　宝永二年　五十九歳

二月、学問上の親密な話し相手であり、政治的な意味での庇護者であったゾフィ・シャルロッテが没し、大きな痛手を受ける。

一七〇六年　宝永三年　六十歳

イエズス会派のデ・ボスとのあいだに往復書簡が交わされ始める。この書簡に、ライプニッツ解釈の難点といわれる「実体的紐帯」という言葉が現われる。

一七一〇年　宝永七年　六十四歳

大著『神の善意、人間の自由、および悪の起原に関する弁神論 *Essais de Théodicée sur la bonté de Dieu, la liberté de l'homme et l'origine du mal*』が刊行される。

一七一一年　正徳元年　六十五歳

ピョートル大帝と会う。

一七一二年　正徳二年　六十六歳

再度、ピョートル大帝と会い、随行してドレスデンに赴く。アカデミー建設を献策。ロシアの裁判所法の整備と改善についての建白書を書くことで、大帝から年金を受ける。年末から、一七一四年九月までウィーンに滞在、アカデミー建設に努力する。

一七一四年　正徳四年　六十八歳

ウィーンで、ウジェーヌ公のために『理性にもとづく自然と恩寵の原理 *Principes de la Nature et de la Grâce, fondées en raison*』を献呈する。『弁神論』を読んで感激したフランス人、ニコラ・レモンの依頼で、『モナドロジー *Monadologie*』を書きあげるが、発送せずに終わる。六月、エルンスト・アウグスト侯妃ゾフィが没す。九月、ゲオルク・ルートヴィヒがイギリス王に迎えられ、ジョージ一世となる。ライプニッツは渡英を願うが、許可されなかった。「数学的なものの形而上学的始原」を書きあげる。

一七一五年　正徳五年　六十九歳

ニュートンの友人であり、追随者、代弁者であるサミュエル・クラークと往復書簡を交わし始める。微分法の優先権問題もあって、両者の論争は次第に激しいものとなってゆく。

一七一六年　享保元年　七十歳

不遇と失意と孤独のうちに、十一月十四日、ハンノーファーで死去。遺骸は同地のノイシュタット教会に納められる。

（作成・清水富雄）

中公
クラシックス
W41

モナドロジー
形而上学叙説《けいじじょうがくじょせつ》
ライプニッツ

2005年1月10日初版
2016年11月25日7版

訳　者　清水富雄
竹田篤司
飯塚勝久

発行者　大橋善光

印刷　凸版印刷
製本　凸版印刷

発行所　中央公論新社
〒100-8152
東京都千代田区大手町 1-7-1
電話　販売 03-5299-1730
編集 03-5299-1840
URL http://www.chuko.co.jp/

訳者紹介

清水富雄（しみず・とみお）
1919年（大正8年）東京生まれ。
東京文理科大学哲学科卒業。東京教育大学文学部助手、愛知県立大学教授などを経て、皇學館大学教授。文学博士。1987年（昭和62年）逝去。

竹田篤司（たけだ・あつし）
1934年（昭和9年）愛知県生まれ。
東京教育大学哲学科卒業。同大学院博士課程（仏文学）中退。明治大学教授を務める。著書に『デカルトの青春』『西田幾多郎』『物語「京都学派」』などがある。2005年（平成17年）逝去。

飯塚勝久（いいづか・かつひさ）
1939年（昭和14年）東京生まれ。
東京教育大学文学部哲学科卒業。同大学院博士課程修了。立教大学、筑波大学各助教授を経て、日本大学教授を務める。著書に『フランス・ジャンセニスムの精神史的研究』などがある。

Published by CHUOKORON-SHINSHA, INC.
Printed in Japan ISBN978-4-12-160074-5 C1210

■「終焉」からの始まり
――『中公クラシックス』刊行にあたって

二十一世紀は、いくつかのめざましい「終焉」とともに始まった。工業化が国家の最大の標語であった時代が終わり、イデオロギーの対立が人びとの考えかたを枠づけていた世紀が去った。歴史の「進歩」を謳歌し、「近代」を人類史のなかで特権的な地位に置いてきた思想風潮が、過去のものとなった。

人びとの思考は百年の呪縛から解放されたが、そのあとに得たものは必ずしも自由ではなかった。固定観念の崩壊のあとには価値観の動揺が広がり、ものごとの意味を考えようとする気力に衰えがめだつ。おりから社会は爆発的な情報の氾濫に洗われ、人びとは視野を拡散させ、その日暮らしの狂騒に追われている。株価から醜聞の報道まで、刺戟的だが移ろいやすい「情報」に埋没している。応接に疲れた現代人はそれらを脈絡づけ、体系化をめざす「知識」の作業を怠りがちになろうとしている。

だが皮肉なことに、ものごとの意味づけと新しい価値観の構築が、今ほど強く人類に迫られている時代も稀だといえる。自由と平等の関係、愛と家族の姿、教育や職業の理想、科学技術のひき起こす倫理の問題など、文明の森羅万象が歴史的な考えなおしを要求している。今をどう生きるかを知るために、あらためて問題を脈絡づけ、思考の透視図を手づくりにすることが焦眉の急なのである。

ふり返ればすべての古典は混迷の時代に、それぞれの時代の価値観の考えなおしとして創造された。それは現代人に思索の模範を授けるだけでなく、かつて同様の混迷に苦しみ、それに耐えた強靭な心の先例として勇気を与えるだろう。そして幸い進歩思想の傲慢さを捨てた現代人は、すべての古典に寛く開かれた感受性を用意しているはずなのである。

（二〇〇一年四月）